聖 アウグスティヌス
（ボッティチェッリ画）

アウグスティヌス

・人と思想

宮谷　宣史　著

39

CenturyBooks　清水書院

はじめに——アウグスティヌスと私

アウグスティヌスとの出会い　私がアウグスティヌスの名前にはじめて出会ったのは、高校三年生のときであった。そのころ私は、学校の授業にはあまり熱心ではなく——受験戦争はまだ厳しくはなかったので——自分勝手に文学書や哲学関係の本を読みあさり、そして読んだり考えたりしたことを友だちと語り合うのが楽しみであった。そんなおりにたまたま手にしたのが、田辺元『哲学入門——哲学の根本問題』（一九四九年）という本である。この中に「……西洋哲学者の優れた人々に手を引っ張ってもらって自分で哲学の山を踏査しようというときに、ぜひ登ってみなければならない峰の最小限……」として、次のような一一の作者名ないしは文書名が挙げてあった。

ギリシアでは、一、プラトン『国家篇』、二、アリストテレス『形而上学』の二冊、キリスト教ないしは中世から、三、新約聖書、四、アウグスティヌス『告白』、五、エックハルトの説教書の三編、

近世では、六、デカルト『省察録』、七、スピノザ『倫理学』、八、ライプニッツ『単子論』、九、カント『純粋理性批判』、一〇、ヘーゲル『精神現象学』の五点が選ばれ、最後に一一としてマル

クスの『資本論』が加えてあった。

　このリストのなかで、三、六、九は少しだけ知っており、一、二、一〇、一一は名前だけは見たか聞いたことがあったが、四、五、七、八は全く初めて目にした。そこで興味を覚え、探し求めてみたが、エックハルトは見出せず、アウグスティヌスのほうのみ文庫本で入手できた。七と八は難しそうであったので敬遠した。

青春の悩み

　アウグスティヌスの『告白』を手に取り、読みはじめた。自伝なので、幸い読みやすかった。頁を追ううちに、彼の自分の体験を通しての人間省察の深さと心理描写の巧みさに感心したが、アウグスティヌスは、何故、自己の醜い面を人々の前にさらけだし、告白するのか、また、キリスト教への回心後、なぜ修辞学の教授職を捨ててしまったのか、という点などはよく理解できなかった。

　それでも青春の情欲に悩み、苦しみながらも、同時に真理を求めようとする彼の姿には、何故か心を打たれ、親近感をおぼえた。というのは、このころ私は異性に対して好奇心を抱き、自分のうちに高まる欲望を感じ、不安で暗い気持ちに陥ることが時おりあったからである。そこで、倉田百三の『出家とその弟子』や、ジイドの『狭き門』などを読み、いろいろ思い、学びとろうとしていた時期であった。

当時の新制高校ではまだ男女共学が普及していなかった。ちょうど私が入学した年に、われわれの高校では、一学年九学級のうち、男女混合のクラスを一つ編成した。これは初めての試みである。私はこの組に入れられた。そのため、今日では全く当たり前のことが、年頃の女生徒と毎日、身近で一緒に学び、また遊ぶ機会を初めて経験したわれわれには、期待と戸惑い、喜びと不安があった。一方、社会ではいわゆる思春期もの、と称される映画が流行しはじめており、青少年たちの心身を刺激していた時代であった。

アウグスティヌスのような偉い思想家も、若い頃、向上心に燃えつつ、同時に異性問題で悩んでいたことを知り、彼の生涯と思想を身近なものとして感じ取れた。程度の差こそあれ私自身、一方では哲学的議論を好み、他方では人知れず女性に対する興味を内に秘めていた。これが自然のことなのか、悪いことなのかは判別できず、何故か自分が二重人格者のように思えて嫌であった。ある友人が自然主義文学を論じ、男女の性的関係を当然のこととして口にする態度がうらやましかった。私は保守的なキリスト教会に通っていたため、情欲は汚らわしく、悪く、否定さるべきもの、と考える傾向が強かったからである。

実存哲学への関心

大学に入ってからまもない頃、同学年の有志が集まり読書会を開くことになった。ある学生の提案で、アウグスティヌスの『告白』がテキストとして選ばれた。私はすでに一度、さっと読んだことのある本ではあったが、この度、改めて読み返してみて、新たにアウグスティヌスの自己理解の鋭さと表現力の豊かさに気づかされると同時に、本書の後半に出てくる記憶論、時間論などアウグスティヌスが哲学的思索を展開している部分にも興味をそそられた。そこには人間の状境について、また人間と神との関係について、何か根本的で、大切な議論があるように思えたが、その内容と意味を十分理解するには至らなかった。とにかく、当時、私はキリスト教と哲学を結び付けるような方向に進みたいという気持ちを抱いていたが、キリスト教の神学そのものよりも、当時若者の間にもてはやされていた実存主義哲学関係の書物を手にすることの方が多かった。

キェルケゴール、ドストエフスキー、ベルジャーエフ、ヤスパース、マルセルなどの著作を少しずつ読んでいった。そこにはキリスト教信仰のもつ意味が新しい視点から問い直され、すべての人間に深く関わるものとして捉えられているように感じた。たとえば、キェルケゴールは『死に至る病』の冒頭で、

「人間は精神である。精神とは何であるか？　精神とは自己である。自己とは何であるか？　自己とは自己自身に関係するところの関係である。すなわち関係ということには関係が自己自身に関係するものなることが含まれている――それで自己とは単なる関係ではなしに、関係が自己自身に関係するというそのことである。……自己自身に関係するところのそのような関係、すなわち自己

は自分で措定したものであるか、それとも他者によって措定されたものであるかいずれかでなければならない。」（斎藤信治訳）と記されている。これは、アウグスティヌスが『告白』のなかで語っている、自己理解及び神によって存在せしめられている人間、という考え方と共通しているのではなかろうか。両者とも、人間の現実存在とその内面を重視し、しかも人間の実存を神との関係でとらえようとしている。

このように考えると、キェルケゴールは、あるいはそれ以前のパスカルも、アウグスティヌスの思想と結び付く要素を持っており、大変面白いと思いはじめた。つまり、アウグスティヌスは決して古くはなく、現代でも十分読むに値する。いやそれどころか、歴史的には、実存主義の源流の一つが、アウグスティヌスのなかに見出せるのではなかろうか。また、キリスト教思想と哲学を結び付ける契機がアウグスティヌスのなかにあるのではなかろうか。すると、アウグスティヌスと真剣に取り組んでみる意味がある。でも、その前にもう少し実存哲学関係の書物を読みたいという気持ちもあった。

実存主義によるショック

サルトルの作品『実存主義とは何か』から受けたショックは今でも忘れられない。自分の立っていた生と思索の根拠がガラガラとくずれ落ちて行くのをはっきりと感じた。高校三年生の時、神を信じ洗礼を受け、キリスト者となり、神学書や哲学書を読み、自分なりに思索し、実存的な信仰に生きているつもりでいた。主体的な信仰という考えは、パスカルとキェルケゴールなどの立場によって確かなものとされていたのである。ところがサルトルは言う。

「実存主義とは、一貫した無神論的立場からあらゆる結果を引き出すための努力に他ならない……。実存主義は、神が存在しないことを力の限り証明しようとする意味で無神論なのではなく、むしろ、たとえ神が存在しても何の変りもないと明言する。それがわれわれの観点なのである。神が存在すると信じているのではなく、神の存在の問題が問題ではないと考えるのである。」（伊吹武彦訳）

カミュの作品は、動揺していた私の精神にさらに激しい打撃を加えた。『シジフォスの神話』『異邦人』『誤解』と読み進むうちに、もう何も解らなくなった。人間の神に関する考え方は「出口なし」だとサルトルは言い、「誤解」だとカミュは結論する。実存的キリスト教信仰とは欺瞞にすぎないのであろうか。無神論の立場をとらない実存主義を求めるのは、間違いなのであろうか。

迷いと探求

この時から私の信仰は迷い、思索は空転しはじめた。今まで信仰をもち、大学で、キリスト教を思想的に研究するつもりでいた。ところが、その基盤がぐらついたのである。それでも、何とか勉学を続け、また信仰をもって生きる確かな道を探求せねばならない。

それでもすべての努力は虚しく、「シジフォスの神話」に終わるかも知れないが、自分なりに答えを求める努力をしたい。折しも外的に一身上の不幸が重なり、いい知れない魂の不安と耐え難い精神の孤独のうちに日々を過ごしていた。「求めよ、さらば与えられん。捜せ、さらば見出さん」という聖書の言葉を心のよりどころとしながら、私は教会生活を続け、また神学の学びを進めていくことにした。

しかし現実には、大学も教会もさぼりがちで、飲酒に誘惑されたり、空しく恋に心を振り回されたり、友人と哲学や政治の問題について、議論のための議論を繰り返すことが多かった。教会も大学も私の悩みに答えを与えてくれるとは、思えなかった。

信仰の挫折、精神的な行き詰まり、自堕落な生活、思想的空白状態にあった私は、ある日、もう一度、アウグスティヌスに返り、彼の案内によって何か新しいものを見出し、混迷の中から抜け出そうと願った。しかし、無神論的実存主義から受けたショックは大きく、簡単に解決を見出せそうにない。アウグスティヌスによると、人間の心は、神から離れている間は不安であるが、神に返ると、憩いを得る。サルトルは、人間の実存は、神があってもなくても変わらない、という。

サルトルの立場をとるときにのみ、人間は真の自由を獲得できるのだろうか。あるいはキェルケゴールのように、私は神によって実存している、と決断し、主体性に一切をかけて生きるべきなのだろうか。パスカルのように、「私の神」によりすがる信仰をもてないだろうか。とにかく、人間の欲望の問題、神の問題、実存的信仰の問題、神学と哲学の関係などが私の解決すべき課題であったが、どう考えたらいいのか分からないまま、青春の日々が過ぎ去っていった。

石原謙先生の講義

このような時、大学で私の関心を惹き付けたものがあった。それは、石原謙先生の講義で取り上げられたアウグスティヌスの思想である。先生は『神の国』について数回にわたって語られた。そのなかでアウグスティヌスの歴史哲学に関する詳しい解説があった。石原先生によると、アウグスティヌスの主著の一つ『神の国』の根本思想は、歴史を神の国と地の国、信仰と不信仰の闘争の場としてとらえる点にある。

このアウグスティヌスの歴史理解は、私に新しい光を与えてくれた。信仰と不信仰、これは他の言葉によっておきかえられる。救いと滅び、生と死、存在と虚無……。人間は歴史的な存在であるから、歴史における信仰と不信仰の対立抗争は、人間自体のなかにも認められることになる。人間は信仰と不信仰、生と死、存在と虚無、神の愛と自己愛などの対立を自らに内包しつつ、生きているといえよう。つまり人間は外的にも内的にも対立する両極のなかで彷徨《さまよ》いながら、悩みつつ生きているのである。地上にある限り、人間の存在はこの状態を脱しきれないわけである。このような考え方のなかに私の問題の解決の糸口があるのではなかろうか、と思いはじめた。

二つの愛

私は本屋の洋書部に行って、アウグスティヌスの『神の国』の英訳書 "The City of God" を買った。そして苦労しながらも夢中で読んだ。これが自分自身のために読んだ最初の英文専門書である。私はアウグスティヌスをもっと知りたいと思った。

アウグスティヌスによると、神の国と地の国を分けるのは愛のあり方による。それは二つの愛、神の愛と自己愛である。神の愛は、神ないしは隣人に対する愛、つまり他者に向かう愛であり、自己愛は自己中心的な人間の欲望をさす。この二つの愛が、人間のなかでも、歴史においても対立しているゆえに、混乱が生ずる。

このようなアウグスティヌスの思想にふれて、私は自分のなかに、一方では純粋な愛を願いつつ、しかし同時に他方では暗い情欲が生じてくるのを抑えがたく思い、両者の対立に悩んでいたことの説明を見出したように思った。ただ問題は、この二つの異なる愛がどのような状態で私のうちに生ずるのか、という点である。

人間とは、この二つの愛を同時にもっている存在なので、両者はつねに葛藤し続けるのであろうか。あるいは、人間は、自己の意志によって、二つの愛のどちらかを選び取ることが出来るのであろうか。つまり人間の内部における二つの愛は、存在論的なものなのか、それとも意志の問題として倫理的に受け取られるべきなのか。それとも、二つの愛は終末論的なもので、人間がどちらかに決断するときにはじめて生じてくるものなのであろうか。なおこの関連で、アウグスティヌスが若い頃、当時、ローマ帝国内に流布していた善悪二元論、つまり、世界でも、人間でも、善と悪の二つの原理によって左右されている、と説くマニ教に、一時期傾倒したのも、分かる気がした。

二つの対立するものが、どのようにして、人間のなかにあるのか、という点について私はよく理解できなかった。しかし、いずれにせよ、歴史は神によって導かれている。それゆえに歴史は意味を持ち、また目標に向かって発展してゆく、というアウグスティヌスの歴史解釈は私にとって大きな慰めであった。たとえ今、私の内面に信仰と不信仰、神の愛と自己愛、存在と虚無が交じり合い、対立を続けていても、そのこと自体が神の導きのもとにあり、私の存在そのものが神によって支えられている限り、私の生存は意味をもちうる、と言えるのではなかろうか。したがって私は迷い、挫折し、つまずきながらも、神の導きによって前進することができ、また現在かかえている内的矛盾そのものが、私自身の問題であると同時に、人類の歴史の問題、およびその意味と発展に関わるものとして理解される。人間は地上に生存している限り彷徨《さまよ》い続ける。しかし、それは決して目標のない旅ではない。また孤独な生でもない。

私はアウグスティヌスによって、無神論的実存主義を克服できるのかどうか、判断できかねた。けれども、アウグスティヌスによって、人間の生と愛と存在の問題を、キリスト教の立場から実存的に掘り下げていくことが可能なのではないか、と思った。特に人間実存の問題を一個人の問題として受けとめるだけではなく、人間の歴史のなかで問うていくことが大切ではないか、と考えはじめた。歴史における人間実存の意味を問う――それはアウグスティヌスが『神の国』の序論で言うごとく、"The work is great and difficult"（私の読んだ英訳本による）であろう。それでも、私はアウグスティヌスを手がかりにしつつ、この課題を追求していこうと思った。

アウグスティヌス研究

石原先生のもとでアウグスティヌス研究をするため、私は大学院に入った。先生はアウグスティヌスの学問的研究を日本においてはじめて手がけられた方である。よき指導者の許でアウグスティヌスと取り組めることは幸いであったが、研究は決して容易ではなかった。まず彼の作品を原典で読むために十分なラテン語の修得が必要である。それにアウグスティヌスは大森林か高い山脈みたいな思想家である。本を読み、近付けば近付くほど、全体がどうなっているのか、自分が何処に立っているのか、分からなくなってしまう。もちろん、捉えがたいがゆえに、興味つきない面もある。とにかく、苦労して修士論文を書き上げたことが縁となって、これ以後、現在に至るまで、私はアウグスティヌス研究にずっとたずさわることになった。

大学院修了後、しばらく働いてから、私はスイスのチューリッヒ大学に留学した。そしてさらに続けて、ドイツのハイデルベルク大学で研究に従事したが、そこでもアウグスティヌスの専門的研究に取り組んだ。そしてさらに、数年後、パリとローマのアウグスティヌス研究所に滞在して、すぐれた専門家と交わり、よき指導を受けた。帰国してから、アウグスティヌスの伝記の執筆に取り組んだ。その間に、アウグスティヌス関係の場所を訪ねて、各地を回り、イタリアへは数回、北アフリカ（現在のアルジェリア、チュニジア）へは三度行き、遺跡を見てまわり、現地調査をした。では現在、アウグスティヌスをより深く理解できるようになっているだろうか。決してそうではない。

アウグスティヌスの魅力

アウグスティヌスは、人間、社会、教会、国家、歴史などの問題に対して、すぐに具体的な解答を示唆してくれる思想家ではない。また、彼の作品を読めば、ある主題に関する彼の見解を掴《つか》みうる、というようなことも簡単には言えない。彼は問題を見出し、それを問いつめ、深めていきつつ、事柄そのものについて根本的な思索を積み重ねていくため、ある場合には混沌としていて、捉えがたくなってくる。たとえば、彼は、愛、幸福、希望、自由意志、文化、結婚、労働、虚言、死などについて体験したり、考えたことを書き留めている。また、神と魂、善と悪、一国家の在り方、歴史などについて思索を展開している。幸いなことに、彼はこれらの主題に関する思索を多くの本にまとめて、残してくれている。

そこでわれわれも、これらの問題と直面したり、それを体験しているおりに、彼と対話したり、また彼と共に考えてみると、事柄と問題の意味とその深層が見えてくる。そして彼の思索は、彼の時代と彼の生活に密接に結びついてはいるが、今日のわれわれに語りかけてくる広さと深さ、普遍的なダイナミズムを備えており、多くの示唆に満ちていることに気付かされる。われわれが日常生活を営みながら、そこで出会う問題のなかから、大切なものを見出し、取り組むべき課題を選び、その主題と事柄に関わり、それについて思索を集中持続し、深化させていくときに、たとえそれを論理的に把握したり、すぐに適切な言葉で表現できなくとも、アウグスティヌスと対話する地平が開けてくる。そして同時に自分の思索も導かれ、深まり、広がっていく。これは実に楽しい経験である。

まさにここに彼の思想の魅力がある。しかも彼は、さまざまな問題について、たんに理論的に語るだけではなく、自らの生活と思索の中で取り組み、対話と対決を繰り返しながら、それらの問題の持つ多様な意味あいを明らかにしてくれている。それは生活と思索が一つになった魅力といえよう。愛と真実を求め続け、その時代のなかで自らの体験を神と人間との関係で見つめつつ生き、思想を形成していったアウグスティヌスは、このような意味で、時代を超えて今日もわれわれに語りかけ続けていると言えよう。

では、アウグスティヌスとはどのような人生をおくったひとなのか。どんな著作を残しているのか。また、その思想はどのような内容なのであろうか。

目　次

アウグスティヌス関連地図

I　アウグスティヌスの生涯

一　時代環境

※アウグスティヌスは何時、何処で、どんな家庭に、また、どのような時代に生まれて、生き、活動したのであろうか。そこでまず、アウグスティヌスの生涯を当時の歴史的状況との関連で簡単に辿り、紹介していく。

誕生の地タガステ

アウグスティヌスは三五四年一一月一三日、ローマ帝国属州の一つ、北アフリカにあったタガステという小さな町で生をうけた。日本では聖徳太子が活躍する二五〇年ほど以前である。タガステは、地理上では、アフリカのローマ帝国総督府所在地の大都市カルタゴの西方約二四〇キロ、地中海に面した海港都市ヒッポ・レギウスから九五キロ南方の内陸に位置しており、行政上は当時アフリカ・プロコンスラリスに属していたが、歴史的にはヌミディア州の町であった。現在ではアルジェリア民主人民共和国の領土内にあり、スーク・アハラスと呼ばれている。

アウグスティヌスの故郷はあまり大きな町ではなかったが、自然環境に恵まれ、街道が交差する地点にあったため、穀物、材木、油などの取引市場があり、物資の集散場所として栄えていた。タガステはヌミディア地域では水が豊富で、森林が多く、太陽が照りつける真夏でも、過ごしやすかった。

当時北アフリカはかなり奥地にいたるまでローマ化されていた。このことは地中海沿岸地帯だけではなく、サハラ砂漠に近い町々でも、ギリシア・ローマの古代都市にみられる神殿、広場、劇場、浴場、市場などの遺跡が多く発掘されていることからも分かる。

タガステは文化的には北アフリカの大都市カルタゴとの関係が深かった。しかし、カルタゴがローマ化されると同時にキリスト教の影響を受けていたのに対して、アウグスティヌスが生まれ育った故郷では、隣の文化都市マダウラ（今日のマダウルーシュ）とともに、原住民（後代の呼称によれば）ベルベル人の伝統を重んじる傾向を保持していた。たとえば、タガステの町の博物館に展示されている列柱、彫刻、石棺などにもその影響を認めうる。彼の母の名モニカ（正式にはモンニカ）はベルベル系であり、またアウグスティヌスの息子、アデオダトゥス（神により与えられた者の意）という名前は明らかにベルベル人の宗教にちなむものである。

両親と家庭

アウグスティヌスの両親はローマの市民権を持ち、ラテン語を話していた。父パトリキウスは異教徒であったが、母モニカはキリスト教の信者であった。

パトリキウスはいくばくかの土地を所有していたため、町の仕事に関与していた。アウグスティ

生誕の地タガステ（現在のスーク - アハラス）

ヌス誕生の時、彼は既に四〇歳を越しており、三七〇年、息子が一七歳のころ他界した。モニカは信仰の篤い婦人であった。彼女は夫が家庭を軽んじたり、わがままな怒りをまき散らすさいにも、忍耐と愛をもってよく耐えて仕えた。この母によりアウグスティヌスは幼少の頃からキリストの名によって祈ることを教えられた。

アウグスティヌスの家庭は経済的にはあまり豊かではなく、彼の学費を出せないこともあった。それよりも彼の心を痛めたのは、家庭の雰囲気であった。幼い彼には父の勝手な言動が我慢できず、また、知的要素に欠ける母の信仰も性に合わなかった。

彼の兄弟姉妹については、正確なことは分からない。少なくとも二人おり、一人は男でナヴィギウスといい、もう一人は女で、伝説によると、ペルペトゥアという名で呼ばれているが、いずれの人物に関しても、資料が少ないため詳しいことは不明である。

政治的激変期

アウグスティヌスの生きた四世紀と五世紀は、世界史でもあまり例を見ないほど変動の激しい時代であった。ローマ帝国が繁栄し、その平和を謳歌してからすでに二〇〇年経過しており、それは帝国が没落していく時期と重なっている。つまり、帝国末期のすぐれた皇帝、コンスタンティヌス大帝（在位三〇三～三三七）の死後の政治的混乱期と西ローマ帝国の滅亡（四七六年）にはさまれた時期である。それは内政の危機にもよるが、特に帝国を外から襲う諸民族の動きが激しさを増したことに起因しているといえよう。

アウグスティヌスが生まれてから四〇年の間に、皇帝が一〇回も変わった。キリスト教よりもギリシア・ローマの伝統文化を重んじたため、背教者と呼ばれたユリアヌス（在位三六一～三六三）はペルシア戦争で命を落とし、続くヨヴィアヌスもわずか一年で不可解な死を遂げる。ヴァレンティアヌスⅠ世（在位三六四～三七五）はゲルマン民族が大移動を開始した三七五年に病に倒れ、帝国東半分の統治を預かっていた彼の弟ヴァレンス（在位三六四～三七八）は、西ゴート族とアドリアノポリスで戦い、敗れて死ぬ。その後、八歳の幼少皇帝、グラティアヌス（在位三七五～三八三）とヴァレンティアヌスⅡ世（在位三七五～三九二）が西方の統治に当たるが、両名とも内乱によって命を失う。この内乱はテオドシウスⅠ世（在位三七五～三九五）によって収拾されたが、彼の没した三九五年、ローマ帝国は東西に分裂してしまう。そして、特に西方は急速に弱体化していった。

ローマのコロッセウム（円形闘技場）の内部

民族移動の嵐

民族移動の波は激しく、四〇六年ヴァンダル族とアラン族がガリアに侵入、四一〇年アラリック王の率いる西ゴート族がローマを占領、さらに彼らは四一二年ガリアに移動し、四一四年にはイスパニアに向かう。ヴァンダル族はその後ジブラルタル海峡を渡り、四二九年には北アフリカの諸都市に攻撃を開始した。そして四三九年にはカルタゴを陥しいれた。四五二年、アッティラのフン族がイタリアに侵入、ミラノを攻撃する。ローマは四五五年ヴァンダル族のガイセリックによって劫掠された。ゲルマン人の傭兵隊長オドアケルが幼帝ロムルスを廃した年、西ローマ帝国は滅亡した。後でみるごとく、このなかには、アウグスティヌスが若い頃、学んだり、教えたりした場所、カルタゴ、ローマ、ミラノもあるが、幸い当時はまだ平和な状境であった。

社会的・道徳的状況

国家の動乱期にあって、ローマ帝国で人々は公事よりも私事に関心を抱き、社会の秩序よりも個人の身の安全を求めていた。そのため、社会制度も道徳上の秩序も軽視され、各自の欲望が重んじられた。異民族の侵入を恐れ、公務を廃棄して田園へ逃れて贅沢を続けようとする貴族、重い責務に耐えかねて自ら農奴となり解放を求める農民、ローマ軍から他の民族のもとへ脱走していく兵士たち……。ローマの掠奪経済は破綻を来たしていたにもかかわらず、人々は依然として贅沢と享楽を求める惰性からなかなか抜け出せずにいた。

神殿、劇場、競技場、浴場、広場はまだ賑わい、歓声に満ちてはいた。しかし、食料が不足し、競技場が閉鎖され、浴場の水が涸れ、神々の庇護が不確かになるのは時間の問題であった。それでも人々は身についた快楽主義と享楽的生活習慣を棄て去ることは出来ずにいた。ローマ人の壮健さは影をひそめ、精神的・道徳的退廃が蔓延《まんえん》していた。

アウグスティヌス自身、このような時代の状境と風潮のさなかで迷いつつ、自らの生き方を探し求めていかねばならなかった。

思想と宗教の状況

その当時、思想と宗教も混乱した状態にあった。ヘレニズム文化を継承し、多種多様な民族からなっているローマ帝国には、ギリシアの哲学と神々はもとより、古代オリエントやエジプトの思想と宗教が入ってきていた。そして、それらが諸民族の伝統的なものと混交していた。たとえば、シリアのアドニス崇拝、イランのミトラ教、小アジアの母

カタコンベの遺跡

コンスタンティヌス大帝

神キュベレー、エジプトのイーシスとオシリスなどであるが、このうち、シリアの太陽神はローマでイランのミトラ教とも結びつき、不敗の太陽神となり、さらにこれが皇帝崇拝と関係する、というような状況であった。古代東方から伝えられた星辰信仰、バビロニア、エジプト、パレスチナから入って来た悪霊信仰、その他さまざまな密義宗教や魔術なども広まっていた。

ローマの哲学としてはストア派とエピクロス派、懐疑主義などがよく知られているが、アウグスティヌスの時代になると、キュニコス派、中期プラトニズム、新ピュタゴラス派、新プラトン主義などが古代ギリシアの哲学諸派とともに広まっていた。

約三〇〇年近くも迫害を耐えぬいたキリスト教はコンスタンティヌス大帝によって信仰の自由を与えられ（三一三年）、テオドシウス帝によって国教の地位をえた（三八〇年）ものの、ギリシア・ローマの諸宗教との軋轢《あつれき》は絶えなかった。それに、ローマ帝国の新しい精神的統一の支柱として利用されているキリスト教にとっては、一致が期待されていたが、その内部では、教理面での対立ばかりではなく、政治化した過激な分派対立の抗争も少なくなかった。その代表的なものの一つがドナティストの問題で、キリスト教会を二分する大きな対立に発展し、長年にわたり、アウグスティヌス自身も関わり、悩み、取り組まねばならなかった。

ところで、アウグスティヌスの生涯を見ると、このような当時の複雑な思想と宗教の状況が大きく反映しているのに気づかされる。つまり、彼は幼児期に異教徒の父とキリスト者の母の下で育ち、青年期にストア派の哲学によって刺激を受けた後、ペルシアのゾロアスター教の流れをくみ、それに仏教やキリスト教の要素を混交して備えていたマニ教に入信し、カルタゴでは占星術に凝り、ローマでは懐疑主義に魅せられ、ミラノでは新プラトン主義に共鳴している。そして壮年期にキリスト教に回心し、その後は、異教主義とマニ教を論駁する立場にたち、さらにキリスト教内部の分派、アリウス派、ドナティスト、ペラギウス主義者らとの論争にも精力的に取り組んでいる。逆にみると、このような宗教と思想の混乱した時代のなかで、それらと関わりをもちながら、彼はどのように生きたのかを探ることは、興味深いと言えよう。幸い、アウグスティヌスはその生涯に多くの著作を残しており、しかもそのなかに、自らの半生を詳しく記した自伝的な作品もあり、多くの手紙、説教などもあるため、また、彼の弟子で、その生涯のほとんどを共にしたポシディウスによる伝記があるため、それらを資料にして、われわれは古代の人物である彼の生涯について、今日でもかなり詳しく知ることができる。

二　幼少年時代

学校と遊び

アウグスティヌスは郷里のタガステで、七歳の頃から初級学校に通いはじめた。読み、書き、計算を習うためであったが、学校は面白くなく、また、彼には勉強が何の役に立つのかわからなかった。教師は、教えることを暗記するように要求し、生徒がそれを怠けたり、少しでも間違えると、厳しく叱られるのであった。教師の鞭の音と責め具は生徒たちを震えあがらせた。

アウグスティヌスも何回となく罰を受けた。その度に、彼は耐えられないほど苦痛と屈辱を味わった。ある日のこと、彼は両親に体罰に対する不満を訴えた。ところが、悪いから叱られるのだ、と逆に叱られ、怠けないようにと注意された。アウグスティヌスは教師も親も子供の気持を理解してくれないことが悲しかった。

さまざまな競技や球戯、見せ物や娯楽など、子供たちを惹きつけ、夢中にさせるものはたくさんあった。危険な遊びや賭けごとが流行《はや》ることもあった。ところが、大人たちは、子供が遊ぶのを叱り、勉強するようにという。そのような大人の態度に対してアウグスティヌスは不満を抱いた。

文化都市マダウラ

故郷の町で初級学校を終えたアウグスティヌスは、隣町のマダウラにある文法学校に進み、中等教育に当たる勉学を続けることになった。それが家庭の経済力を超え、息子の栄達を望む父親の野心からであるとしても、アウグスティヌスにとっては普通の子供よりもより多くの教育を受け、またそれにより才能を伸ばす機会に恵まれることになった。

タガステの南方三〇キロに位置するマダウラは見渡しのいい高原地帯にあり、地形上も、町のつくりもゆったりした由緒ある町であった。三六六年ごろ、アウグスティヌスはここに来た。町には、城壁、凱旋門、競技場、劇場、広場、神殿、学校、オリーブ油を精製する工場などがあり、全体が活気に満ちていた。マダウラは商業都市としても栄えていたが、この町の名を高めたのは何よりもアプレイウスである。

アプレイウスの『黄金のろば』

マダウラでアウグスティヌスはある教師の家に寄宿し、文法学と修辞学を学びはじめた。文法学では文法、文体論、韻律法などの基礎を学習しながら、古典文学を読む力を養う。修辞学は伝統的な自由学芸の一つで、文法、弁証法とならび、最初の基礎三科目に属し、雄弁術と討論法の訓練を主眼としていた。

アウグスティヌスは古典に興味を抱いたが、ギリシア語は苦手だったので、ギリシア文学よりもラテン作家を好んだ。アプレイウス（一二五年頃生まれる）にふれたことは言うまでもない。彼のことを幾度も聞かされただけではなく、その作品の幾つかを自ら読んだりした。

アプレイウスはマダウラの資産家、政治家の家に生まれ、アフリカで学んだ後、小アジア、ギリシア、イタリア、エジプトなどで学業と修養を重ね、晩年には主としてカルタゴで政治家、宗教家、学者、文学者、哲学者として多彩な活躍をした人物である。その功績を認められ、生存中に像が建てられたほど有名であった。

彼は『変身物語』の作者としてよく知られているが、本書はアウグスティヌスが『神の国』という著作で『黄金のろば』と呼んでいることから、一般にはこの名称で伝えられている。

「さてこれから、私が御存じのミトレス風な物語に種々さまざまなお噺を織りあわせ、御贔負にして下さる皆さんのお耳をたのしいさざめきでうっとりさそう、というわけなのですが……。いろんな人物の姿や身の上が、ほかの形に変えられてから、また今度は順ぐりに旧の相貌に還りつくという、不思議な話をまあ聴いて下さい。」（呉茂一訳）

と軽妙な語り口で始まる本書は、人間がろばの姿に変えられ、いろいろな場所を旅して周り、さまざまな危険と苦難に遭遇する。高貴な人、無法者、猥褻な人などさまざまな人間に出会い、興味深い体験と挿話を物語るという形式で、人間世界の混乱した様子を怪奇とエロティズムを織り混ぜつつ巧みに描写していく。アプレイウス独特の文体とイーシス女神の神秘主義的色彩をもつ内容、およびそこに登場してくる人間相の多様な面白さにふれ、若きアウグスティヌスは眩惑されながらも、異国の世界と変化に富む多くの人々の物語に心を奪われ、そしてそれにより人間の生き方の多様さとその現実の複雑さに対する視野を広げられたのであった。

文学に親しむ

学校で懲罰を怖れながら勉強するよりも、文学作品を読むことははるかに楽しかった。アウグスティヌスは読書を通して文学の面白さ、言葉の素晴らしさ、観念と想像力のもつ魅力、人間の現実の複雑さ、愛の多様さと奥深さ、宗教の持つ神秘性などを少しずつ理解できるようになり、また、それらに対する感覚も育ち、関心も増していった。そこで彼はますます文学作品を読むようになる。

あるとき、ローマ第一の詩人、ウェルギリウスの『アエネーイス』を手にして、一二巻もあるこの長い叙情詩を夢中で読破した。彼が感激した箇所を少し引用してみよう（第四巻、泉井久之助訳）。それは、カルタゴの女王ディードが愛し合っていたのに船で去っていくアエネーイスに対して、見せしめに自死する場面である。

「わたしは仕返しをすることも、なしにこのまま死んでゆく。
いいや、このまま死ぬがいい。まさに此の、此の、此のように、
進んでわたしは地下に行く。わたしを棄てて船出した、

むごいトロイアのあの男、その目で沖からわたくしを、
焼くこの焔を飲み干して、わが死の兆をいつまでも、
忘れずに持っているがいい。」
「ディードまなこを苦しげに、開いて見上げる努力して、
しかもたちまち崩折れる。その胸ふかく突き入った、
傷は内らに湧いて鳴る。三たび彼女は褥より、
その身を立ててその肘に、力を入れて起き上がる。
三たび彼女は転倒し、褥に落ちて定まらぬ、
まなこをもって高天に、光を求め求め得た、
かすかの光に苦痛する。」

愛が破綻するとき人間はいかに惨めになるか、しかもその故に死を望むようにもなる。多感なアウグスティヌスは、今やどの学科目よりも、愛をめぐる人間とその赤裸々な姿を描く物語に熱中する文学少年であった。なおこの物語は、ヨーロッパでは現在に至るまで音楽や美術で取り上げられることがあるため、よく知られている。たとえば、オペラでは、サランボーの「ディードとアエネーイス」、ベルリオーズの「トロイアの人々」、ターナーの絵「カルタゴを建設するディード」、

フローベルの小説『サランボー』などがある。

このようにして、アウグスティヌスはこれらのローマの文学に親しむことにより、次第にラテン的教養を身につけていく。しかしまた同時に快楽を謳歌する文学に影響され、愛そのものを愛し求め享楽に身を委ねて生きる人間の姿に惹きつけられる。それは彼の内にひそむ情欲を目覚めさせ、愛欲の世界へと向かわせ、そこに喜びを見出し、味わう生き方であった。そしてそれはまた、ローマ帝国末期にみられた若者たちの一般的な姿でもあった。

三　青年時代

情欲への傾斜

マダウラでの勉学を家庭の経済事情によりやむなく中断したアウグスティヌスは、一六歳になったばかりであった。仕事もせず、無為な日々を過ごすうちに、彼の生活はしだいに乱れていく。この時期のことを彼は後で振り返り、次のように記述している（『告白録』第二巻1章1〜2章4、以下引用が『告白録』からの場合、書名を省略し、巻数と章数のみを記す）。

「私は過ぎ去った自分の汚れた行いと肉の欲望に汚れた魂の事を思い出す。」

「じっさい私は若かったころ、恐るべき快楽によって満足を得ようと燃え立ち、荒々しい様々な暗い愛欲にふけり、恥ずかしいとも思わなかった。」

「私は肉欲に支配され荒れ狂い、全くその欲望のままになっていた。」

ここに彼自身が回顧して記しているように、青春の荒れ狂う情欲の激しい嵐の中で、アウグスティヌスの身も心も迷い、押し流されていった。乱脈な生活へ傾斜していく息子を見て、モニカは心を痛め、いく度となく注意したが、社会の悪習に身を染め、享楽に馴染んだ若者には通じなかった。

父は息子の放縦ぶりを案ずるよりも学資の援助者を探すことに意を用いていた。クリア階級に属する下級官吏のパトリキウスの社会経済的状態は、古代末期の歴史的転換期において、しだいに不安と困難を増大し、悪化の方向にあった。そのため、子供の将来に対する配慮から両親は無理しても、たとえ他人の援助をあおいでも上級学校に入れ、修辞学教師にすることを願い、その実現のために奔走していた。幸い同郷の知人で資産家のロマニアヌスが学資援助を引き受けてくれることになり、アウグスティヌスはカルタゴの学校へ行くことになった。彼が一六歳の終わりに近い、三七〇年のことである。

カルタゴへ

カルタゴは紀元前九世紀末に建設された古い街であった。ポエニー戦争でローマに敗れたが、アウグストゥスの治世に再建された。ローマの歴史家たちがカルタゴ市民やこの街に関連したものを「アフリ」と呼んだことから、アフリカという表現が生まれた、と言われている。帝政末期にはローマの姉妹都市として繁栄を誇り、またアフリカのローマと呼ばれ、地中海沿岸ではその良港のゆえに、経済的に隆盛を誇り、また修辞学、法律研究の中心地でもあった。今日発掘されている多くの遺跡類、大劇場、オデオン、浴場、学校、円形競技場、サーカスなどから、往事の繁栄を偲ぶことが出来る。

だが繁栄の影に犯罪と悪徳、放縦と倦怠が渦巻いており、社会的にも思想的にも混乱していた。

アフリカ青年のあこがれの町、カルタゴへアウグスティヌスはやって来た。

「私はカルタゴへ来た。すると、私は四方八方から恥ずかしい愛欲に取り囲まれてしまった。それはちょうど煮えたぎった大釜（サルタゴ）のように大きな音をたてていた。」

「私の愛欲の火を燃え立たせるたき木が満ちあふれていたからである。」

（第三巻1章1～2章2）

カルタゴの遺跡

ちなみに、英国の詩人、T．S．エリオットは、アウグスティヌスのこの箇所に触発されて、このような人間の状境を『荒地』とみなし、詩で巧みに表現しているのは、興味深い。

文化都市、享楽の巷カルタゴで、アウグスティヌスが修辞学の教師になるための勉強をしながら、情欲の渦に巻き込まれていた頃、故郷の町タガステで父パトリキウスは、モニカの祈りを耳にしつつ静かに長い眠りについた。彼は一家の社会的、経済的地位を立て直すためにあれやこれやと努力し、また息子の栄達を願い進学させ、そのため奔走している間に病に倒れたのであった。父についてはほとんど語っていないアウグスティヌスも、このような父の態度に対しては愛情と感謝の意を表している。

父の死後も学資の援助を続けてくれるロマニアヌスの行為に対して、ただ気ままに遊ぶだけではなく、身を入れて勉強すべきであるという気持ちがアウグスティヌスには徐々に芽生えていた。彼はロマニアヌスを単にパトロンとしてではなく、人間としても尊敬しており、ロマニアヌスもアウグスティヌスの才能を認め、両者は互いに、これ以後も長期にわたりずっと親交を重ねた。たとえばアウグスティヌスはその最初の著書を彼に献呈し、またロマニアヌスは自分の息子の教育をアウグスティヌスに託したのであった。

さて、アウグスティヌスは次第に自分の将来について真面目に考えるようになり、立派な社会的地位につくことを願いはじめた。そして、出世に対する野心が彼を勉学へと向かわせていった。そこで実際、彼は学校中で首位になるほど熱心に勉学に励むが、しかし出世のために取り組んでいる弁論術という学問についても空しさを感ずることがあった。

一児の父親となる

そのようなある日、アウグスティヌスは偶然知り合った一人の女性を本気で愛するようになった。彼はまだ学生であり、しかも社会的に正式な結婚を容認されがたい関係であったが、彼は彼女と一緒に暮らすことにした。彼女がどんな女性であったのかは、その名前さえも明かされていないが、二人の関係はこれ以後一〇年以上も持続される。同棲した翌年、一

キケロ

人の男児が生まれた。これがアウグスティヌスの子供アデオダトゥスである。三七二年、アウグスティヌスがようやく一八歳になろうとする頃のことである。

　愛する女性と生活を共にし、一児の父となった彼は、ロマニアヌスと母からの送金に支えられながら、いくぶん落ち着きを得、勉強に励むようになった。優れた雄弁家を志している彼は、この頃よく弁論術に関する本を読みあさった。

キケロの『ホルテンシウス』

　あるとき、学校でキケロの作品『ホルテンシウス』が取り上げられた。キケロは紀元少し前に活躍したローマの政治家、哲学者で、有名な雄弁家、文章家であったため、人々の間でよく知られ、高く評価されていた。アウグスティヌスはキケロの本を読み進んでいくうちに、いつしか胸の奥から何か熱いものが込み上げてきた。

「このとき突然……信じがたいほどの熱い心をもち、永遠の知恵を求め……はじめた。」（第三巻4章8）

　知恵を愛することを勧めているキケロの本は、アウグスティヌスの心情に新しいものをもたらしたのである。彼の生き方は転向しはじめ、従来とは異なる方向を目指しはじめた。

アウグスティヌスの心は何を求め、どこへ向かおうとしたのであろうか。

「キケロの書物は哲学へと私の心を燃え立たせた」（第三巻4章8）というアウグスティヌスの言葉から分かるように、彼の心はまず哲学へと向けられた。哲学のことをギリシア語でフィロソフィアと言うが、それは知恵（ソフィア）の愛（フィロス）、愛知という意味である。つまり、アウグスティヌスは知恵を愛し求める心を起こしたのである。上と同じ箇所に、彼は続けて記している、「この一事が嬉しかった」と。そして実際これは、アウグスティヌスの生涯における大切な転換点となった。

四　マニ教徒

聖書を読む

キケロの書物に出会い、愛知の精神を鼓舞されたアウグスティヌスは、彼自身の言葉によると、「まるで荒れ狂う大海」に向かって船を漕ぎ出すごとく真理探求の旅につく。いずれの方向に、何を目当てに進むべきかは分からず、ただ「あてもなく船出する決心」をしたのであった（『至福の生』1章）。知恵とは何か、真理とは何か、何処にあるのか、どのようにしたら発見できるのか。アウグスティヌスは一人で熱心に問い続ける。

真理。彼はこの言葉をキリスト信者の母モニカが口にしていたことを思い出した。そこで彼は聖書を開き、読みはじめた。しかし、どこに真理があるのだろうか。アウグスティヌスには分からない。それにしても聖書の文体には魅力がない。すでに多くの優れた文学作品を読み、いまや修辞学を身につけ、弁論に秀でたインテリ青年にとって、聖書の文章は真理を宿すにはあまりにも素朴で重みが感ぜられなかった。すっかり失望落胆した彼は聖書を投げ出してしまった。

マニ教に惹かれる

聖書の中に真理がないとすれば、何処に求めたらいいのか。アウグスティヌスは当惑し、早くも船を暗礁へ乗り上げたような心地であった。そこで彼は、当時北アフリカでキリスト教と並び、大きな組織を有し、広く人々の間に普及していたマニ教に近づく。マニ教は特に、若者や知識階級のなかに多くの信奉者を得ていた。マニ教徒たちは、キリスト教が教会の権威を重んじるのに対し、理性を尊ぶような印象を人々に与えており、巧妙な話術を得意とし、美しい文章などを用いて、真理について語っていた。いくつかの宗教や哲学思想を利用して、一つの体系を組み立てて、自分らこそ真理の所有者であると誇り、真理こそ一番大切だと力説するのが彼らの口ぐせで、この点にまずアウグスティヌスの心は動かされた。そして、これ以後九年近くにわたり、マニ教と関わることになった。

マニ教は書物の宗教、宣教の宗教、組織の宗教と言われた。信者同志は極めて親密な人間関係で互いに結ばれていた。アウグスティヌス自身もカルタゴで、またローマでもマニ教徒たちの支援を受け、その友情のあたたかさを味わった。

さらにマニ教は当時、すでに禁止されていたにもかかわらず、信徒たちは迫害と困難に耐え、信仰に燃え、伝道に励んでいる姿にアウグスティヌスは心を動かされた。彼自らも入信後ただちに宣教活動に参加し、生来の雄弁をふるった。人々をマニ教に獲得することによって得られる快感と称賛を受けることも、彼がマニ教に夢中になった理由と言えよう。

さて、アウグスティヌスはカルタゴでいろいろな経験をしていく間に、修辞学の学習を終えた。ちょうどこのとき、彼の経済的援助者、ロマニアヌスからタガステで家庭教師となるようにと要請を受けた。それは三七四年秋のことである。

アウグスティヌスは故郷の町タガステで教師として日々を過ごすうちに、かつての友人たちとの旧交をあたためるようになった。そのなかの一人は修辞学を学んでいたため、特に親しくした。

そのようなあるときのこと、この友人が熱病にかかった。ところが、この友は、病床で洗礼を受け、キリスト者になったので、アウグスティヌスは彼を非難し、マニ教の方を勧めた。この時のことを、アウグスティヌスは想い起こす。それに対して友は自らの信仰を弁護し、私に反論した。あれは意外であり、腹も立った。私の周囲には自分の考えをもたず、人の言うなりになる人間が多い。しかし私に対していつもはっきりと自分の意見を表明するのは彼一人であった。死の床でも彼は変わらず、私の軽率な言葉をいさめた。真の友でなくて、あのような態度がとれるだろうか。その彼はもういないのだ。私はかけがえのない人間を失った、とアウグスティヌスは悩みながら思い続けた。

五　修辞学教師

再びカルタゴへ

親友を失ってからのアウグスティヌスは、家に閉じ込もりがちであった。そして独りで悲しみに浸っては、タガステを去り、カルタゴへ行くことを願った。亡き友との思い出に満ちた場所を見るのは耐えがたく、また一方では大きな町で新しい人々を相手に教師として働いてみたい気持ちがつのって来ていた。それにカルタゴには、かつて残したままになっていた女性と息子が待っている。カルタゴ行きについてロマニアヌスとの話し合いも首尾よくいき、三七六年、二二歳のアウグスティヌスは再びカルタゴへやって来た。

若き教師としてカルタゴに来たアウグスティヌスは、なおさまざまな誘惑を感じた。特に高い地位と名声を求める野望に燃えた。彼は友人らの協力で、小さな学習塾を開き、生徒を集め、教えることにより、妻子と母モニカとの新しい生活を始めたが、早く有名になることをひそかに期待していた。

古代においては、詩のコンクールがしばしば催された。カルタゴの町にもこの伝統が保持され、行われていた。アウグスティヌスは何度か応募し、競技に挑戦した。彼は人々の注目と称賛を受けることに憧れ、懸賞付きの作詩に優勝を狙い、また弁論のコンテストで入賞の栄誉を目当てに競うことを好んだ。そして実際、アウグスティヌスは幾度か勝利の冠を手中にすることができ、その度にますます、名声獲得への欲望を駆り立てられた。

栄冠を受け、民衆の称賛の拍手を浴び、勝者の美酒に酔っているときなどに、彼は急に死んだ友のことを思い起こすのであった。友は、何故、若くして死んだのか――との問いが頭のなかを駆けめぐるとともに、悲しみが蘇るのであった。善良な人間が何故死んだのか。この問いには誰も答えてくれず、自分で思索しても分からなかった。

占星術に惹かれる

カルタゴの町にはいろいろな魔術を語り、また行う人々がいた。そのような人々のなかに占星家がおり、アウグスティヌスの興味を惹いた。彼らによると、人間の吉・凶・幸・不幸は、その人の生まれおちたときから、ある星の運行によって定められており、人生の個々の出来事も星によって占いうる、というのである。これはマニ教の教えとも共通した要素をもっていたため、アウグスティヌスは大いに関心をそそられた。人間はある星の下で生き、さまざまな事件に出会い、定めに従い死んでゆく。一人ひとりがそれぞれの星によって運命を背負わされている。こう考える以外に、優秀な若い人間の死という不合理な事態を説明しうるであろうか。アウグスティヌスは占星家たちの教えに耳を傾け、また彼らの本を読み、占星術による人間の一生とその運命の説明に心を奪われていく。友人や先輩たちは迷信的な教えに夢中になっている彼を見て、その誤りを指摘し、忠告したが、アウグスティヌスは真剣になって弁護し、逆に他の人々に占星術を勧めるのであった。

占星術の誤り

さてアウグスティヌスは占星術を通して天体に興味を抱き、ギリシアの天文学を学ぶ。そこには彼が今まで知らなかった多くの新しいことが見出された。そしてそのことにより、彼は皮肉にも、占星術は人間の思いつきや偶然に基づく、曖昧な教えであることに気付く。

今まで確実だと思っていたものが崩壊してしまう。アウグスティヌスはこのような経験を続けて二度したのであった。愛し、信じ、尊敬しあっていた若い友の突然の死により、長続きを望んでいた友情の終焉。素晴らしいと思っていた占星術が曖昧で根拠のない教えであるという発見。アウグスティヌスは動揺し、落胆し、悩んだ。しかし、彼はそこから立ち上がる道を探し求める。彼はもう一度問い始める。友情とは、愛とは、真理とは何か、確実なものはないのか……と。少なくともこのような経験を通して、アウグスティヌスは深く考えることをせず、何気なく日々を過ごしたり、思いつきや単純な思考で物事を捉えていては、本当のもの、確実なことなど理解しえない、と反省し、もっと深く多く学ぶ必要を痛感し、今一度新たに愛知の情熱を燃やした。そして改めて、哲学・音楽・美学・幾何学などの学芸を熱心に学びはじめた。

天文学の知識を深めていくうちに、アウグスティヌスは天体に関するマニ教の教理が占星術家の主張と同様、不確かなものであることに気づく。マニ教の教師たちに質問したが、答えは与えられなかった。真剣に問い続けるアウグスティヌスに、彼らは言った。我々は納得のいく返事ができない。だがまもなく此処に来る有名なマニ教の指導者ファウストゥスなら、あらゆる疑問を解決し、納得いく説明をしてくれるにちがいない。

マニ教への疑問

三八二年、夏の終わろうとする頃、そのファウストゥスがカルタゴにやって来た。他の信徒たちと共に、アウグスティヌスも彼の講演の席に連なった。評判どおりファウストゥスは魅力ある人物で、その話し方は精力的で、情熱にあふれ、言葉の選択は巧みで、論理の展開も鮮やかであった。立派な顔立ち、気品ある態度、弁舌のさわやかさにより、彼は聴衆を魅了していた。

アウグスティヌスは彼に直接会う機会を得、疑問を打ち明けた。質問を聞き終えたファウストゥスは「私には答えられない」と答えた。アウグスティヌスは落胆したものの、自己の無知をごまかさず、素直に認める、その飾らない謙虚な姿勢に感心した。そして二人は互いに学び、語り合うため、いろいろな本を一緒に読むような仲になった。

ローマへ

アウグスティヌスのマニ教に対する疑問はつのっていったが、どこに解決を求むるべきかを分からない彼は、依然としてマニ教に留まりつづける。けれども、もはやそこに安住しておれない彼の心は日々迷いと焦りのうちにあった。そして外的事情も手伝い、彼は一つの決心へと向かった。カルタゴで、アウグスティヌスは外的にも内的にも種々な問題に遭遇した。教師の収入により経済的には安定し、家庭で友人たちと親しい交わりを保ちつつ楽しく過ごしてはいた。けれども、彼の気持ちは揺れ動いていた。それには二つの理由がある。一つはさらに良い地位を得たいという野心。もう一つは単なる修辞学者で終わるのではなく、哲学者になりたいと考えていたこと、つまり、アウグスティヌスは常に迷いつつも真理を目指す探究者、求道者であった。それに社会的名声への欲望も捨てがたく、彼の心を揺さぶっていた。

アウグスティヌスはもっとよい環境で働くために、またすぐれた教師に出会うために、ローマに行くことを願いはじめていた。

ローマ行きの計画は親しいマニ教徒と友人たちの協力により、実現の見通しがついたが、母モニカは反対であった。

アウグスティヌスは準備を整え、ローマ行きの船に乗るため、カルタゴの港にやって来た。モニカもついてきて、息子を家へ連れて帰るか、共にローマに行くか、いずれにせよ離れない覚悟をしていた。「私は船出する友を見送るために来たので、出帆までここにいるだけです」（第四巻8章15）とアウグスティヌスは母に偽りを語り、いたわると見せかけて港の近くにある殉教者キプリアヌス記念教会堂に彼女を伴い、そこでの休息を勧めた。彼女は祈りながらいつしか眠りに落ち込んでしまった。その間にアウグスティヌスは乗船し、船は順風を受け、港を離れ、ローマへ向かった。眠りから覚めたモニカはあわててアウグスティヌスを探して、桟橋にかけつけたが、そこにはもはや船も息子の姿も見あたらなかった。彼女は沖を見つめ、涙して立ちすくみ、悲しみのあまりその場にくずれおれ、いつまでも動こうとはしなかった。

病に臥す

母を欺きカルタゴを後にして、ローマへ辿りついたアウグスティヌスは、あるマニ教徒の家に身を寄せ、仕事を探し求めている間に、疲労がたまり、重い病気にかかった。一時は死の危険もあった病から回復したアウグスティヌスは、ローマで首尾よく修辞学を教える職場を得た。しかし予期していたほど、仕事はうまくいかず、学生たちの質も良くはなかった。彼はマニ教には失望していたものの、決定的にその宗教と教えから離れることも、それに代わるものも見出すことのできないまま、信徒たちと交わっていたが、そこからは何も得るところはなく、むしろ厳格な教えや主張とは反対に、無秩序な彼らの生活の実態を知り、幻滅感を深めていた。

懐疑主義に共鳴

当時ローマでは、キリスト教よりもヘレニズムの哲学が親しまれていた。アウグスティヌスもそのような雰囲気のなかで、再びキケロに接した。かつて彼の本により、愛知の思いを燃え立たされたが、このたび手にしたのは『アカデミア』という書物で、懐疑思想を説いたものであった。それは新アカデミア派とも呼ばれ、人間は賢く生きなければならない。賢者は全てのものをそのまま信じないで疑う。人は自己の感覚に基づいてものを見て、考え、判断するゆえに、それは主観的、個人的、相対的、不確実であり、普遍性、絶対性をもたない。したがって人間が真理を確実に知ることは不可能である、と主張する。これはストア哲学、つまり人間は宇宙の原理を知り得るし、それに従って生きるときに幸福であるという教えや、真理を既製品のように唱えるマニ教などに対立するものであった。懐疑主義によると、人間は幸福になるために真理を獲得したり、確実な知識を所有しようとする思いを捨て、途中で思考を停止し、実際的には蓋然性に満足して生きるべきである。この教えが、キリスト教はもちろんマニ教にも失望していたアウグスティヌスに共感を呼び起こしたことはある意味で当然といえよう。

このような彼の前に、ふとしたことから社会的栄達の道が開かれてきた。

ミラノの修辞学教師

アウグスティヌスがローマに居を移した翌年の三八四年、ミラノ市からローマ市長シンマクスに修辞学教師を推薦してほしいとの依頼がなされた。そこでローマ市内で募集が行われた。アウグスティヌスはマニ教徒の有力者たちに市長への工作を請う一方、選抜試験に備え、演説を書きあげ応募した。その結果、幸運にも彼は抜擢された。この職は待遇がよいのみならず、宮廷に関係し、政治家たちに接近する機会にも恵まれるので、アウグスティヌスにとり、出世するためにこの上なく都合のいい地位であった。

北アフリカの地方の小都市から帝国の首都ローマに野心を抱き出てきたものの、内的にも外的にも問題を抱えていたアウグスティヌスにとり、これは大きな喜びであった。皮肉なことにアウグスティヌスをローマで推挙したのは市長のシンマクスであり、彼をミラノで迎えようとするのは司教のアンブロシウスであった。両者はこの年の夏に、ローマの古い宗教的祭儀の中心、ヴィクトリア女神像をめぐって激しく論争しあった関係にあった。シンマクスは異教徒としてのアウグスティヌスを政敵アンブロシウスのいるミラノに送ったのである。

アウグスティヌスはまもなく三〇歳になろうとする三八四年の秋、帝国から提供された馬車に揺られてミラノにたどり着いた。ミラノはローマの北北西約四八〇キロ、ポー川の二つの支流の中間オロナ川に沿ったところに位置し、コモ湖の南方で、北にアルプスを臨む美しい都市で、当時、宮廷所在地として栄えていた。アウグスティヌスにとってはこの街は、アンブロシウスの名前と結びついていた。彼についてはシンマクスから聞き、また例の女神像の存廃をめぐる論争によって周知しており、この著名なキリスト教界の有名な指導者である司教に対してアウグスティヌスは特別な関心を抱いていた。

六　出会いと回心

アンブロシウスとの出会い

アンブロシウス（三三三〜三九七）は宮廷所在地ミラノの司教として西方教会の指導的地位にあり、若き皇帝ヴァレンティニアヌス二世の後見人として、政治的権力も大きく、従って彼の発言と行動は教会内のみならず、一般社会に対しても影響力を及ぼしていた。修辞学教師として任地についてまもなく、アウグスティヌスは、このミラノの重要人物に挨拶に行き、父親のようなおおらかな態度で歓待され、好感を抱いた。そして、彼の説教を聞くために教会の礼拝に通うようになった。

しかし、それは真理を教会の中に見出すことはあり得ないと考え、しかも懐疑主義に囚われているアウグスティヌスであったから、ただ職業的関心から、アンブロシウスがいかに巧みに弁術を駆使しているかに注目し、実際に世間の評判どおりにすぐれているかどうかを探ってみることに興味があったにすぎない。したがって、話の内容については無関心であった。ところが、時がたつにつれ、アンブロシウスの説教の姿勢と内容、思想とその人柄、生活態度及び社会的活動によってアウグスティヌスは決定的な影響を受けるようになっていく。

女性との離別

アウグスティヌスの職務に対する努力により、ミラノにおける彼の地位はしだいに高まり、力量を認められ、いっそう出世することも可能であった。全てが順調に運び出したころ、ローマにおいてきた妻と子、親しい人々がミラノの彼の所にやって来た。たえず息子のために祈り続けていた母モニカも来ることになった。

ところがこのとき、一〇年以上アウグスティヌスと同棲して、容易ならぬ環境のなかで育児に励んできた女性との生活が問題になった。息子の社会的地位につりあう家柄の娘との結婚を願うモニカに説得され、夫からも何ら支援も期待できない彼女は、深い悲しみと失意のうちに親しい人々から離れる決心をし、「たとえ別れても、私は今後一生独りで過ごします。この子をよろしく頼みます」とアウグスティヌスとモニカに言い残すと、アフリカに帰っていった。この時、息子のアデオダトゥスは一三歳であった。

情欲の泥沼

長年共にいた女性との別離に際し、何もなし得なかったアウグスティヌスは、矛盾に満ちた生活をしていた。一方では高位高官の人々との優雅な暮らしを楽しみ、また友人、仲間たちと高尚な議論をして日々を過ごしつつ、他方では名誉心と情欲のとりこになっていたのである。アウグスティヌスは修辞学教師として教育に励むと同時に、哲学書の類を読み、思索し、真理探求の情熱を燃やし続けていた。特にこのころ、同僚や弟子たちと善悪の問題について論じ合っていた。アウグスティヌスを中心として哲学的対話をする幾人かは生活をも共にし、親密な関係を保っていた。この共同生活は、ミラノの宮廷を中心とする政界、社交界の人々との交流と並び、アウグスティヌスにとっては大きな楽しみであった。

ところが一方では飽くことなき野心と欲望に振り回されていた。高い地位と名誉と財産、それに有利な結婚、それがアウグスティヌスの願望であった。一応満足すべき地位を得た彼は、母親の勧めもあり、資産家の娘と婚約し、結婚することになっていたが、彼女は法律で定められた結婚年齢に達しておらず、そのため二年間待たねばならなかった。以前の女性とは別れ、婚約者とすぐ結婚できないことはアウグスティヌスにとり苦痛であった。快楽生活になじみ、そこから抜け出しきれない彼は、この間節制を保ちきれず、ただ欲望ゆえに別な女性との関係をもった。

ある出会い

三八五年一一月、アウグスティヌスは皇帝を讃える任務を課せられた。これは修辞学教師にとって、名誉ある役目である。皇帝や執政官をはじめ、そこに居並ぶ高位高官の前で熱弁をふるう自分の姿を想像しただけで、彼の心は踊り高ぶるのであった。彼らを感嘆させるために趣向を凝らし、演説をまとめ上げた。頌詞は大成功を修めた。列席していた人々から称賛され、アウグスティヌスは嬉しく、大満足であった。散会後、親しい人々と連れだって宮廷を出た。彼らは繰り返し、アウグスティヌスの弁説の素晴らしさを誉め讃えた。彼は親しい人々に取り囲まれ、称賛の甘い言葉を耳にし、幸福に酔いしれながら道を歩いていた。

と、一行がある街角にさしかかったとき、そこにいる一人の乞食に出会った。彼は酒のためか、少し陽気に鼻歌まじりに歩いていた。何げなくその姿に目を留めたアウグスティヌスは思わず、ハッとした。自分は名誉と称賛を得たがゆえに、幸福に浸っている。あの物乞は人から恵んでもらった、わずかばかりの金で得た酒で上機嫌になり、幸せを味わっている。一体、どちらが幸せなのだろうか。自分の幸せは本物なのか、たとえ苦心と努力の結果、成功を手中にしても、結局それは虚偽に満ちたものではないのか、あの弱冠一四歳の皇帝ヴァレンティニアヌス二世に讃えるべき何があるというのか。人の気に入られようとただ空しい誉め言葉を並べたにすぎないではないか。みなその空々しさに気づいていながら、形式的な拍手を送っているのに、自分はそれを喜んでいる。見せかけの成功と内実のない幸福のゆえに有頂天になっている。あの乞食を見るがいい、心から楽しんでいるではないか、彼には地位も名誉もないが、偽りもない。巧みな言葉は語らないが、ありのままに生きている。それに比べ自分は真理を求め、知恵を愛し、善悪を論じながら、現実には矛盾と欺瞞に満ちた生活を送っているではないか。

アウグスティヌスはミラノの路上で一人の乞食に出会ったことにより、突然自分の生き方と在るべき真の姿に思いを向けさせられた。どうしたのか、という友人たちの言葉も耳に入らず、彼は独り夜の路上に立ちすくんでいた。

アンブロシウスの説教

アウグスティヌスはアンブロシウスの説教を聞きに教会に通い続けた。最初は話術の技巧にのみ関心を向け、マニ教の教師ファウストゥスの雄弁に比べて、見劣りがする、などと批判的であった。しかし次第に、特にあの乞食との出会い以後、自己に内的反省を向けはじめてから、アンブロシウスの説教は新しい響きをもって迫ってきた。アウグスティヌスはマニ教の影響で、聖書は矛盾に満ちたものであると長い間思い込んでいたが、ミラノの司教の聖書の比喩的解釈に基づく説教は斬新で、説得力をもっており、内容も真実に富み、豊かであった。アウグスティヌスはマニ教の教えに惑わされてキリスト教に偏見を抱き、また自己への自信消失から懐疑主義へ陥っていた自分に気づかされると同時に、聖書を新たな気持ちで読みはじめ、そこに書かれていることを少しずつ受け入れるようになっていく。

司教アンブロシウス

新プラトン派の教え

さまざまな外的出来事を経験し、また精神的な迷いのなかで苦渋し続けていたアウグスティヌスは、三八六年五月ごろ、ふとした機会にプラトン派の書物を入手し、読む。それらはプラトンの手になる文書も含まれていたが、主としてプロティノスとポルフェリオスなどの、いわゆる新プラトン主義者の作品で、当時ヴィクトリアヌスのラテン語訳で、西方の人々の間で流布していたものである。

アウグスティヌスはこれまでマニ教の影響で、形ある物体的な存在しか信じることができなかったが、新プラトン主義は彼に、不可視的なものの存在を教えた。人間は肉体を所有しているがゆえに、物質的存在であるが、同時に理性や霊魂をももっているゆえに、物体を超越したものについても思惟することができる。たとえば、真とか善とか美とか価値、幸福について。物質的なものは変化するが非物質的なものは不変である。変化しないものは変化するものよりすぐれている、と新プラトン派は説く。真の存在はしたがって変わらないもの、永遠で完全なものである。そのようなものの存在する世界をイデア界と呼び、そのなかで最高善、美そのもの、永遠、存在自体、万物の根源は神と見なされる。神は一者とも呼ばれ、この世の創造者であり、そして霊的存在者としてこの世に流出してゆき、人間の魂と交流する。物質的世界に関わっている人間は神からもたらされる光に照射され、霊的世界に目を開かれ、その魂は英知界へと上昇し、最後は一者と神秘的な結合をするに至る。この結合は人間が真の自己に帰ることを意味する。この結合は人間にとって最高の喜びであり、また幸福である。

アウグスティヌスは新プラトン主義によってマニ教の唯物観を克服し、霊的世界と神の存在についての新しい認識を与えられた。しかもそれは教会で聞いていたキリスト教の教え、聖書の内容とも類似していたので、彼の関心を自然に呼び起こした。

このようにして、アウグスティヌスはミラノでアンブロシウスとの出会い、また新プラトン主義の教えに触れて、長い間、悩み続けていた問題に新しい角度からの見方とそれによる解決の道を示されたのであった。解決の方向の暗示と問題の新しい認識はアウグスティヌスに大きな喜びを与えたが、まだ依然として解決されないまま残された問題があった。

知識における新しい展望は与えられたものの、彼の生き方、彼の現実そのものは依然として矛盾に満ちたものであった。そしてこれこそアウグスティヌスにとり深刻な問題であった。それは単に認識の仕方いかんに関わるものではなく、人間の全存在と生き方に関わり、彼のすべてをもって取り組み、解決せねばならないことがらであった。

アントニウスの話

たまたまそのようなある日、同郷の先輩、ポンテキアヌスがひょっこり訪ねて来た。会談の途中、アウグスティヌスの部屋に聖書があるのに目をとめ、キリスト者である彼は喜び、信仰の話をはじめた。そのなかで、エジプトのアントニウスがすべてを捧げ、神の教えに従い、二九年にわたる禁欲ののち、志を同じくする人々と共に修道生活に入った、という話に、アウグスティヌスはひどく胸を打たれた。

ポンテキアヌスはさらにアタナシウスが書いた、アントニウスの伝記を偶然手にして読んだ彼の同僚二人の話もした。彼らは罪の誘惑と戦い、霊に従い雄々しく生き、人々に神の教えを伝えると共に自ら修道の理想に励むアントニウスの生き様に共鳴し、彼ら自らも現在の宮廷における職務の空しさを悟り、そこを退き、神に従い、新しい生き方をする決心をした。
功利を求め、欲望のままに生活することが当然視されている時代に、自らの在り方を反省し、すぐれた模範を求め、神に従い、弱さと戦い、誘惑に打ち勝ち、人々に仕え、より良く生きようと励む人々が現実にいるのか。情欲の奴隷である人間が、信仰により悪しき習慣の鎖を断ち、自由になれるのか。もしそれができる人々がいるならば、彼らこそ真理を見出し、真理に従って歩む人々ではないのか。アウグスティヌスは内面で煩悶し、心のうずきを感じはじめた。

内的葛藤と回心

アウグスティヌスはこの時の心情の動きをおよそ次のように『告白録』のなかに記載している（第八巻7章15～12章29）。

……神は私がポンテキアヌスの話を聞いている間、自分の現実を見つめず、それを覆い隠そうとしていた私に赤裸々な自己の姿を直視するように促した。私は長い間、情欲に打ち勝とうとするよりは、それを楽しむことを望んできた。しかし、今や私はすっかり裸にされ、私の良心は私に向かって厳しく叱責をはじめた。私は悪と虚偽に満たされており、魂が抜けていたのだ。内面で良心の責めにあい、痛み、うろつきはじめる自己をさらに直視し、善き意志と悪しき意志との対立抗争をおし進めた。魂のなかで真剣に戦い抜くために、私は家の庭に一人で出て行った。心の内はおののきながら、揺れ動き、大波にかき回されていた。自ら責め、いらだち、うめいた。心は燃え立ち、あせり、意志を自由に働かせようとしたができなかった。善を欲する意志と悪を喜ぶ意志の二つが内面で戦い、ぶつかり合い、私自身が二つの意志によって引き裂かれた。今までになく激しく重い煩悶を繰り返した。けれども、倒錯した意志による悪い習慣という鉄の鎖につながれており、ただのたうち回るのみであった。私の魂は死ぬことも生きることも共にためらっていたのである……。

……私は思いめぐらし、魂の奥底から自分の惨めで、醜い姿を引き出し、その真実の状態を目の前に据えたそのとき、心に嵐が吹き荒れ、強雨のように涙がこみ上げてきた。私は声を出し、思いきり泣いた。庭にあったいちじくの木の下に身を投げ出し、涙のあふれるままに任せた。私は涙にむせびながら叫んだ。何故、今、決心しないのか。いつまで引き延ばすのか。どうして、今決断しないのか。私はますます深く心を痛め、悩みわめき、かつ泣き続けた。泣きながら夢中で祈った。そのとき隣家の庭から子供たちの遊ぶ歌声が響いてきた。「取って読め、取って読め。」ハッとして私は立ち上がり、急いで部屋に帰ると聖書を手に取って読んでみた。そこには「宴楽と泥酔、淫乱と好色、争いとねたみを捨てて、昼歩くように、つつましく歩こうではないか。あなたがたは、主イエス＝キリストを着なさい。肉の欲を満たすことに心を向けてはならない」（「ローマ人への手紙」13章13、14節）とあった。私の心は急激に静まり、内にほのかな光が差し込んできた。

こうしてアウグスティヌスは回心した。この時、共にいたアリュピウスも一緒に回心した。彼らは直ぐにモニカのところへ行き、ことの次第を告げた。彼女は心から喜び、一緒に神に向かい感謝を捧げた。

長い精神的遍歴の後、アウグスティヌスは三八六年八月、ミラノの庭園でキリスト教に入信する決心をした。ここで大切なのは、この回心のアウグスティヌスの生涯に対してもつ意味である。そしてそれは明らかであった。つまり、このキリスト教への回心は、若き日にキケロにより触発されて以来、長年続けてきた真理探求の一つの帰結であり、魂の故郷への帰還という意味では、内面を重視する新プラトン主義的なキリスト教の受容であった。そしてこれは単に知的変化をアウグスティヌスにもたらしただけではなく、回心により彼の生活自体が変わったことに注目すべきであろう。つまり、アウグスティヌスは、今まで情欲に囚われ、快楽に喜びを見出し、この世の栄達を望み、出世に生き甲斐を感じていたが、回心を機会にこのような生き方を清算し、アントニウスの模範にならい、またこの時読んだ聖書の言葉の勧めに従い、修道院的な祈りと奉仕に身を捧げる禁欲生活を重んじ、自己の欲望を満たすためではなくて、社会と人々と神に仕え、愛に生きることを決心したのであった。それ故、この時の回心は一時的な気持ちの変化や悩みの解決であっただけでなく、これ以後の生き方の出発点、ないしは基本としての意味をもったのである。

修辞学教師の辞任と共同生活

イエス＝キリストに全てを委ねて生きる決心をしたアウグスティヌスは、今までにない自由で快い喜びを味わっていたが、夏の間の過労と徹底しておし進めた激しい内的な闘いの連続から、健康を損ない、病む身となり、秋の休暇を機会に修辞学教師の職を辞することにした。これ以上空しい弁論術を売り物にすることを好まず、それに病気の治療、身近にいる青年たちの教育、受洗準備などのためにゆとりある時間を持ちたいと思ったからでもあった。幸い、親しい友人ヴェレクンドゥスがミラノから北方三〇キロ余り離れたカッシキアクムにある別荘を提供してくれたので、そこへみなで移り住むことにした。

山荘へは次のような人々が同行した。ミラノの司教アンブロシウスとの出会いとその指導のもと、以前にもまして信仰に熱心な母モニカ。彼女は家事を担当しつつ、みなとの討論にも参加する。一五歳の息子アデオダトゥス。信仰告白後、父と共に幸せな日々を過ごしつつ、討論で才能の豊かさを示す。アウグスティヌスの弟で生徒でもあるナヴィギウス。親友の一人、アリュピウス。彼は同郷の出身で最初の弟子、法律家で地方財務官の顧問をし、当時一般的であった賄賂や脅迫にも屈しない高潔な精神の持ち主で、アウグスティヌスを尊敬し、ミラノ以来生活を共にし、同時に入信した。生活品の買い出しが彼とナヴィギウスの務め。二人の弟子リケンチウスとトゥリゲチウス。前者はアウグスティヌスの後援者ロマニアヌスの息子、思慮深く活発。後者は切れ者ではないが真面目でユーモアに富む好人物。この両名は師とともに毎日、ローマの詩人ウェルギリウスの作品を読み、学習に励む。このほかにアウグスティヌスの従兄弟にあたる引っ込み思案のルスチクスとタスチディアヌスの二名も参加していた。

以上のような人々が、ある時は木陰に座し、ある時は森林のなかを逍遙しながら、またある時は浴場で、さまざまな主題について自由に語り合った。そして時には農夫たちの仕事を手伝い、あるいは遠くへピクニックに出かけることもあった。一同は寝食を共にしながら、和やかな雰囲気のうちに真剣な討論を繰り返し、文学と哲学に親しみ、労働と休養を重んじ、楽しい交わりと食事、入浴、それに祈りと讃美、瞑想と聖書研究などをしながら、年齢も教育も性格も異なる人々がアウグスティヌスを中心として静かで充実した日々を過ごした。

思索と対話

三八六年秋から翌年の春にかけてのカッシキアクムにおける共同生活において、アウグスティヌスを中心とする上記の人々によって、四編の対話篇が生まれた。内容的には、ギリシア哲学の影響が見られ、教育上の目的からまとめられたものであるが、そこには回心直後のアウグスティヌスにとり関心ある主題が選ばれているため、興味深い。アウグスティヌスはこの時、長い精神的遍歴の末、一応多くの問題に解決を見出し、信仰に入る決心をし、受洗準備をしている、という状況において、自ら選び取った立場をより明確にするために、他の立場との対話を試みると同時に、弟子たちの教育に力を注いでいる。では、彼は何を問題にしたのであろうか。

キリスト教の神を真理として受け入れ、信仰に生きることに幸福を見出すキリスト者は、人間の真理把握を疑い、物事の蓋然的な知に基づく生きかたを賢明と説く人々の批判にどのように応えたらいいのか。最初の対話編『アカデミア派駁論』はこの主題を扱う。懐疑主義者は、人間は賢いと言いながら何ら確実な真理は知りえないと主張するが、真の知恵を所有せずに人間は賢くあることも、幸福であることも出来ないのではないのか。そこで、キリストの権威と真理なる神を信じ、神と人間に関する知識を得るときに、人間は幸せに生きられることが確認される。

次に、人間の幸福を求める努力は達成されるのか、幸福な生活はどのようなものか、という問題をめぐる対話が行われ、それをまとめた『至福の生』が編まれた。人間は誰しも幸福を求める。一時的なものは人間を幸福にすることは出来ない。恵み深い神を見出し、その神を所有するものは、変わらない真理を持つ者で、幸福である。神の所有者は汚れ無き生活をおくる。そのような人に神は幸福な生活を与えて下さる。

創造者なる神が作られたものがすべて善であるなら、この世界における悪の存在はどのように説明されるのか、という問題を論じたのが『秩序』である。この書では、神の摂理との関係で悪の問題を考え、悪の相対性とその神の秩序内への位置付けについてふれるのみで、世界における悪の問題と神の秩序の関係については、十分な解決を見出してはいない。

ギリシアの哲学者プラトンの『饗宴』（シンポシオン）風に、親しい人々が起居を共にし、食卓を

プラトンの創設した学園（アカデメイア）

囲み、このような討論を重ねていたある日、アウグスティヌスは眠れぬ夜を過ごす。そこで彼は独り静かに神と自己との対話を試みる。神と自己の魂に思いを集中し、アウグスティヌスは対話を続ける。神と人間を結び付ける信仰、希望、愛の意味が問われる。そこから深い思索と敬虔な信仰に満ちた『ソリロキア（独白）』が生まれた。独白のなかでアウグスティヌスは「わたしたちは知っていると思っていることをすべては知らない」と告白している。『至福の生』のなかでも、彼は自らを港から不安な航海に出た船にたとえ、波立ち荒れ狂う海上で、つねに目当てを確かめ、慎重に根気よく漕ぎ続ける以外にないとの心情を現している。回心したアウグスティヌスであったが、依然として不安はあり、また、考え、取り組むべき多くの課題をもっていた、と言えよう。そのため、アウグスティヌスはさらに自己吟味と思索と対話を続けていく。そして、この態度が彼の回心を一時的な決心や感激に終わらせず、生涯にわたる探求と思想形成へと向かわせたのであった。

こうして、アウグスティヌスと彼を取り囲む人々が祈りと思索と対話の生活をおくっているうちに、季節は秋から冬になり、冬も過ぎ春となり、一行は復活祭を迎えるためにミラノへ帰ることになった。三七八年四月、司教アンブロシウスによって、アウグスティヌスは息子、友人らとともに洗礼を受けた。それは静かな、祝福と喜びに満ちた瞬間であった。母モニカはこみあげてくる感動を抑えながら、心から喜び、神を讃えた。

母モニカの生涯

アウグスティヌスは受洗後、家族と友人たちとアフリカに帰り、そこで共同生活を続ける計画をたて、ミラノを発つことにした。特にモニカは、故郷の町タガステで、主イエス＝キリストを中心とした交わりの生活を営むことを望み、喜んでその計画に賛同した。彼女は今は息子が同じ信仰に生きている幸せを噛みしめつつ、新たな夢の実現を前にして、決して平板ではなかった自分のこれまでの歩みをふり返らずにはおれなかった。

モニカはキリスト者の家庭に生まれ、幼少のころから厳格な躾のもとで育てられた。娘のころ、酒蔵での用事をするさいに、隠れて葡萄酒を飲む癖がつき、それを召使いにとがめられたことがあった。異教徒パトリキウスと結婚し、短気で怒りっぽい夫に忍耐強く仕えた。祈りのうちに育てた息子アウグスティヌスは、十代で快楽の虜になり、親を悩ませたし、マニ教に走り、母の期待を裏切った。夫が死の床で洗礼を受けたことは、たとえそれが当時の習慣であったとしても、モニカを喜ばせた。しかし、夫の死後、経済的に息子の教育を支えるために苦労が続く。アウグスティヌスとの信仰の相違からくる対立が彼女を悩ませたが、いつか同じ信仰にある喜びを分かちあう日がくることを願いつつ、祈り続けることを止めなかった。息子は家を飛び出す。カルタゴへ行く息子を追ってカルタゴへ。母を欺きローマへ船出した息子のことを案じ、眠れなかった夜。嵐の中の航海とローマからミラノへの困難な旅路。野望と情欲の虜になっている息子との再会。そしてついに司教アンブロシウスの導きにより、神のもとに立ち返り、受洗した息子とその時の感激。この三〇数年間モニカは、自分なりに一生懸命生きてきた。今や彼女は早くタガステに帰り、信仰による共同生活をおくり、故郷の地で天に召され、夫の傍らに葬られることが望みであった。

モニカの死

さて、一行はローマにやって来た。ところがちょうどこの時、二人の皇帝、テオドシウスとマクシムスが対立し、戦争状態になり、港が封鎖されていた。そこでみなはティベル河口の港町オスチアでアフリカ行きの船の出る日を待つことを余儀なくされた。この間、親しい者同志は対話と学びに時間を費やし、また、これからの計画について話しあった。モニカとアウグスティヌスは互いに労り合い、祈り、瞑想し、庭に面した窓辺で信仰を深める会話を楽しんだ。特に彼女は、神を信じて生きることの素晴しさを語り、神の恵みを味わい、そのみ旨に従って生きることの幸せを喜び、今はただ神と共にあることを望むとさえ言うのであった。

それから幾日もたたないうちに、モニカは熱病にかかり、床に臥した。かすかに意識をとりもどしたとき、彼女はアウグスティヌスに向かい、心配せずに、自分をこの場所に葬るように、と告げた。モニカは病に倒れてから九日目に天に召された。

この時のことを、アウグスティヌスは『告白録』のなかに次のように書き留めている。

アウグスティヌスは母の死にさいし泣き出しそうになったが、懸命にそれをこらえた。子供のアデオダトゥスはその場に泣き崩れたが、みなに止められやっとのことで泣きやんだ。悲嘆のどん底にあった一同は、モニカの葬儀を嘆きの涙で行うことはふさわしくないと思い、信仰と感謝のうちに進めることにした。そこでエヴォディウスが詩編を歌いはじめ、みながそれに唱和した。「主よ、わたしはあなたに向かい、あなたの慈しみと義を歌う。……」（第九巻12章31）

モニカの信仰とその死にふさわしい式となった。集まってくる人々に対応しながらも、アウグスティヌスはこみあげてくる悲しみの波を抑えた。亡骸は墓地に運ばれた。彼は涙を流さずに行き、涙を流さずに帰ってきた。心は、しかし、深い嘆きのため錯乱しており、必死で祈り続けていた。式が終わり、参列者たちが去り、静かになったとき、入浴は心の悲しみを追い払う、というギリシアの言い伝えを試みてみたが、悲しみは和らがなかった。

夜になり、アウグスティヌスは床に伏した。つい先日、看病していたおり「やさしい子」と自分のことを呼んだ母の姿を思い浮かべながら、いつしか眠りについた。夜中に目を覚ましたときには、悲しみは幾分和らいでいた。アウグスティヌスは寝たまま、アンブロシウスの教会で母とよく歌っていた讃美歌を思い出し、静かに口ずさみ始めた。「神よ、全ての創り主、しおれた心も、悩みも痛みも、取り去りたもう。……」アウグスティヌスの心は母モニカのことで満たされた。主を信じ、信仰を貫き通した母、たえず自分のために祈り続けた母、その母を何回となく傷つけ、欺いた自分、それでも優しかった母……。アウグスティヌスは突然泣き出した。涙を抑えることが出来ず、溢れ出るのにまかせた。夜、床のなかで、彼は独り、いつまでも泣き続けた。

七　キリスト教会の教師

修道院での共同生活　モニカの死後、アウグスティヌスの一行はオスチアからローマに引き返し、一年ほど滞在した。この間、アウグスティヌスは共にいる人々の教育をしながら、読書、思索、討論、著作に努めた。『魂の不滅』『音楽論』などがこのときに執筆された。彼はまた、ローマの教会の人々と交わり、特に修道院について見聞を広めるために時を費やした。

三八八年九月、一同はイタリアを後にして北アフリカに向かった。カルタゴにしばらく逗留し、その年の暮れ頃、タガステに着いた。十二年ぶりに帰った故郷には、アウグスティヌスを迎えてくれる父も母も妻もいなかった。彼は遺産を整理し、念願の修道院を作り、共同生活の実現に向けて新しい歩みを始めた。修道院は三世紀後半エジプトで始まり、ヒエロニムスとアンブロシウスなどにより西方にも移され、そしてアウグスティヌスがこの時、北アフリカにもたらした。彼の努力により、アフリカ最初の修道院は参加者も少しずつ増え、内容も整っていった。彼は修道士として静かな瞑想と研究生活をおくることを望んでいたにもかかわらず、近隣の人々の生活と信仰上の相談相手として仕事が多くなり、次第に忙しくなっていく。そしてアウグスティヌスは人々のために奉仕することを喜び、いつも誠実な対応に努めた。

息子アデオダトゥスの死　三八九年、アウグスティヌスにとりまたも悲しいことが起こった。一七歳の息子アデオダトゥスの死である。また、友人ネブリディウスがこの世を去った。愛する息子と親しい友の死にアウグスティヌスの心は痛む。才能に恵まれながら早世した息子を記念して、アウグスティヌスは、ローマ滞在中に真理認識とその伝達の問題について親子で行った対話をもとに、『教師』という本をまとめて、この年タガステで公刊した。本書の最後で、アデオダトゥスは父親に向かい次のように語っている。

「あなたが間断なく行ってくださったあなたの発言に対して、わたしは最大の感謝を禁じえません。なぜなら、わたしが反論しようとして用意した困難な問題を、あなたは先取りして解決してくださったからです。」

これを読むと、アウグスティヌス親子が親密に、また熱心に人間を教え導く教師の問題について対話したことがうかがえる。

同郷の親しい友人ネブリディウスは、アウグスティヌスの回心後、ミラノで同時に信仰に入り、カッシキアクムでも、タガステでも望んでいたにもかかわらず、共に生活出来なかったため、手紙で親しく語りあい、深い交流を続けていた友人であった。三八七年から三九〇年にかけて、アウグスティヌスはネブリディウスに宛てて計八通の手紙を書いて送っているし、それに対するネブリディウスの返事の手紙は四通が残っている。彼についてアウグスティヌスは『告白録』第九巻で言及しているが、そのなかに次のような箇所がある。

「ネブリディウスは、わたしが回心し、あなたの洗礼により再生した後、彼自身もほどなく完全な純潔と節制のうちに忠実なカトリックの信徒になり、アフリカにおいて家族の間であなたに仕えました。そして彼によりその家族の者もみなキリスト信者になりましたが、その時にあなたは彼を肉体から解き放ちました。」（第九巻第3章6）

アウグスティヌスはこの記述の後で、今は天で神のふところに抱かれている友に対して、彼は神の養子であり、彼は今そこで生きている、と語りかけている。

教会の教師

三九一年のはじめ頃、アウグスティヌスは彼の修道院に関心を抱く、ヒッポ・レギウスに住む一官吏と話しあうために、その地を訪れた。アウグスティヌスはヒッポに滞在中、この町の教会に出席した。この地の教会の司教ワレリウスはギリシア系で、ラテン語に不自由していたため、会衆にたびたび助手として司祭の必要性を訴えていた。会衆は会堂のなかにタガステの修道士アウグスティヌスを見つけると、彼を無理に前に押し出し、叫んだ。「アウグスティヌスを司祭に、アウグスティヌスを司祭に。」ワレリウスは即座に同意した。アウグスティヌ

司教に叙階されるアウグスティヌス

スは突然、司祭になることを強制されたのであった。会衆が司祭を選出することは、ローマの社会および古代教会においては異例ではなかった。また、ヒッポはタガステの北方約九五キロのところにあったため、人々はアフリカ最初の修道院の指導者アウグスティヌスの人物と働きをよく知っていた。

　アウグスティヌスは困惑して帰途についた。何をなすべきか、思案を巡らした後で、彼はヒッポの教会宛におよそ次のような内容の手紙を書いて送った。

「……この混乱した時代にあって教会の教師の務めほど難しいものはありません。私はとうていその任に耐えられませんし、しかも私には教会の教師になるために必要なものが欠如しています。もし神が、わたしに裁きとしてではなく、憐れみによってこのことをさせて下さるのなら、私は聖書をよく学び、この危険な任に耐えるように、祈りと読書によって努力するように義務づけられていると思います。しかし、わたしのような貧しい器が、個人としては神の救いに全く信頼するとしても、他の人々の救いのために、どのようにして仕えることができるでしょうか。どうかこの僕を憐れみ、復活祭まで聖書を学ぶ時間的な猶予を与えて下さい。み言葉がわたしに必要なものをすべて与えて下さると信じています。……」(「手紙」二一)

三九一年の復活祭に、アウグスティヌスはヒッポの司祭職についた。ヒッポ・レギウスは北アフリカでは、カルタゴに次ぐ大都市で同じく海港をもち栄えていたが、教会は弱く、多くの問題を抱えていた。司教ワレリウスを助けて働きはじめたアウグスティヌスは、教会と社会の直面する多くの課題と精力的に取り組んだ。三九五年補佐司教に、三九六年、ワレリウスの死後、その後継者として司教に叙階され、四三〇年天に召されるまでこの町のこの教会の教師として、神と人間に仕え、また社会と時代の諸問題を熱心に担い続けた。

タガステの修道院はアリュピウスが引き受けた(彼は後にこの地の司教になった)。アウグスティヌスはヒッポの教会のかたわらに新しい修道院を設立し、また図書館を建て、研究と教育にも力を注いだ。そしてここから、後にアフリカの各地で働く多くの若い指導者が育っていった。アウグスティヌスは修道院と教会と教育の仕事に従事しながらも、この世から逃れて宗教生活をおくることはなかった。むしろ逆に、彼は当時の社会と人々の状況に深い関心を示し、日常的な些細なことから、道徳、貧困、病気、争い、教育、裁判などに関する問題に関わり、人々のために働くことを重視した。それにマニ教、アリウス派、ドナトゥス派、ペラギウス主義者など、当時アフリカの教会と社会が抱えていた困難な問題も少なくなかった。それ故アウグスティヌスは、単にヒッポ・レギウスのためだけではなく、北アフリカ全体の教会と社会のためにも働かざるを得なかった。

八　三つの論争

アウグスティヌスが教会の教師として四〇年間に関わった大きな論争のなかから、大切なもの三つを選び、ここで簡単に紹介してみよう。

マニ教に対して ——悪の問題——

アウグスティヌスはキリスト教への回心後まもない三八八年から四二〇年ごろまでの三〇年以上にわたり、マニ教徒を相手に論争した。マニ教は彼自身、若い頃、九年間その影響下にあったため、また当時民衆の間に広まっていたため、個人的にも教会や社会にとっても大きな問題であった。その教えについてはすでにふれたが、二元論を特色とし、光と闇、善と悪という対立する二つの原理によって宇宙、世界、人間にある諸問題を説明する。そして特にキリスト教を激しく批判していた。

アウグスティヌスは、マニ教の教説の問題点を自らの体験から、また神学的な立場から明らかにし、著書、手紙、説教、討論などによりそのキリスト教に対する批判に立ち向かい、そして応答する。そのさい争点となったのは悪の問題である。聖書によると、存在するものはすべて神によって創造されたがゆえに、善である。では悪が存在するのは何故か。アウグスティヌスは新プラトン主義の考えを援用して説明する。悪は悪自体としては存在しない。悪は非存在、あるいは善の欠如、または悪用された善とみなされる。悪の起源は神ではない。では悪はどのようにして生じたのか。初期のアウグスティヌスによると、悪の起源は人間の自由意志のなかにある。

悪の存在をその永遠に存在する悪の原理に基づかせると、悪に対する人間の自由とその意志の持つ意味、また、悪に対する人間の倫理的な責任を否定することになり、また肉体や物質を悪とみなすと、まちがった禁欲主義に陥ってしまう。この点もアウグスティヌスは批判している。

アウグスティヌスの一〇冊以上におよぶ反マニ教文書とマニ教徒の指導者たちと繰り返し行われた公開討論とその記録集により、アフリカにおけるマニ教はしだいにその勢力を失っていった。

ドナトゥス派に対して ——教会の問題——

ドナトゥス派はキリスト教会内の一分派で、アウグスティヌスが関わりを持つようになる一世紀以上も前から存在していた。その起源は、ディオクレティアヌス帝によるキリスト教の迫害（三〇三〜三〇五）のさい、教会の教師のなかで信仰を捨て、棄教したり、聖書などの教会の重要な所属品を官憲に渡して信仰仲間を裏切った人々がいた。そのような人々のなかで迫害終焉後、再び教会に復帰してきた人々をどうするかをめぐり、教会内に混乱と分裂が生じた。具体的には、カルタゴの教会で、新しい教師を選ぶさい、裏切り者を認めない立場の人々が別な教師をたて、人事問題で紛糾したことから、対立が激しくなり、表面化した。ドナトゥス（司教在位三一三〜三四七）は、裏切り者の復帰を認めない人々から教師に選ばれ、この立場を強く唱え、反対運動を推進したので、それ以後彼の名前でこの派が呼ばれるようになった。

キリスト教会の組織を通して帝国の立て直しを目論んでいたコンスタンティヌス大帝は、この対立を憂慮し、三一四年、アルルで会議を開き、ドナティストの主張を退けたが、それでもこの運動は収まらず、北アフリカでは反ローマ帝国という政治問題、反地主という社会問題とも関連して一世紀以上も続く困難な事態になっていたのである。

アウグスティヌスは三九三年頃から、約二〇年間にわたりこの問題と取り組んだ。ヒッポ・レギウスにもこの派の教会があり、教会間の対立は激しく、信徒は困惑していた。彼は対立をやめ、互いに和解し一致するように勧めた。キリストは愛と許しを与えられた。この愛と許し、また平和と一致があるときに、教会は教会でありうる、と主張した。

このような考えのもとに、アウグスティヌスは和解と一致を呼びかけたが、その努力は実らなかった。ドナティストの運動はますます過激になりカトリック教会を攻撃し、司教と信徒に危害を加えた。アウグスティヌス自身、幾度か暴力に見舞われ、また生命を狙われたこともあった。そのためアウグスティヌスは、この問題を理論的にも実際的にも解決することに困難を覚えた。

ドナトゥス派の問題は、結果からみると政治的に解決されることになった。四一一年、カルタゴでホノリウス帝の要請によって開催された会議で、政治的な弾圧により運動を止めさせることになった。思想的にはアウグスティヌスの立場が重んじられた。

ペラギウス派に対して——神の恵みと人間の自由の問題——

アウグスティヌスは四一二年から死に至るまで、つまりその晩年の約二〇年間を、最も困難な相手ペラギウス派との論争に費やした。この論争は神の恵みの働きと人間の自由の関係を問題にしており、聖書の重要な教えに関わる故に、やっかいなものであった。

ペラギウス派は英国生まれの修道士ペラギウス（三六〇年頃）に由来する。その主張は次の二点に要約できる。

1　人間は自由意志と努力により道徳的にいい生活が出来る。
2　人間は生まれながらにして罪人である、という原罪説の否定。

その論拠は以下のように説明される。

神は人間に善悪を判断できる自由意志を与えた。また、神は人間に善をなすことを求めている。神は人間に不可能なことを要求されないから、人間は努力すれば自分で善をなし得る。

ペラギウスは、アウグスティヌスがマニ教に対して自由意志を重んじた本『自由意志』と、人間の罪を強調している『告白録』を取り上げ、両者の考え方の矛盾を指摘し、それを攻撃した。またこの派の理論家ユリアヌスは、アウグスティヌスの原罪観にはマニ教の影響があると非難した。これに対してアウグスティヌスは、聖書研究と神学的思索を積み重ねながら、恩恵思想をまとめ、そして展開していく。

人間は神によって創造され、善なる存在であったが、アダムの堕罪により罪が全人類におよび、それ以後、人間は罪を犯さないで生きることが不可能になった。人間は善を欲しながら、その善をなさず、むしろ欲しない悪をなしてしまう。人間は自己の努力で善をなしたり、救いのための功徳を積むことは出来ない。神の恵みが、善をなす力、信仰、罪の許し、救いを与える。

ペラギウス主義者は、常識や理性を重んじ、その点から人間を信頼する立場をとるが、人間の現実、つまり善を欲しながら善をなさず、悪を行う、愛することを願いながら、憎んでしまう、平和を望みながら争ってしまう人間の現実とそのような人間存在の謎に対する理解を欠くと言えよう。アウグスティヌスは、自己の情欲に支配された生活体験とパウロの罪、恩恵、義認の教えによって、いわば宗教的な視点から人間の問題にせまっていると言えよう。

九　晩年

ローマ帝国の危機と教会の試練　アウグスティヌスが生き、活躍した時代は、しばしば瀕死の時代、激動の世紀と呼ばれる。特に彼の晩年はローマ帝国の危機と、また国家の危機に直面し混乱する教会により、大きな試練と困難のなかでおくられた。

ローマ帝国周辺から絶えまなく押し寄せて来る多くの異民族の群と続発する内乱による混乱から、帝国を守る努力を続けていた皇帝テオドシウスの死（三九五年）とそれに続く東西ローマ帝国の分裂。政治的、宗教的に混乱する時代にあって皇帝の権力と異教の勢力との戦い、政治的な面でもすぐれた活動を通して西方教会の安定と自律に貢献したミラノの司教アンブロシウスの死（四九七年）。ローマ帝国は西ゴート族との同盟の試み、異教の禁止、キリスト教の国教化などによって、一時は政治的にも宗教的にも安定したかにみえた情勢が崩れはじめた。

西ゴート族はしばしばイタリア侵入を狙い、ついに四一〇年八月、アラリクスの指揮のもと、首都ローマに攻め入り、三昼夜にわたり破壊と略奪を繰り返し、市民を恐怖に陥れた。平和の都、永遠のローマと言われた首都が異民族に荒らされた事件のニュースは、またたくまに全国に広まり、人々は恐怖と不安に囚われた。そしてこのとき、ローマに何故このような禍がふりかかったのか、それは古い伝統的な神々を捨てて、キリスト教の神を受け入れたからではないのか、ローマの災難の責任は教会にあるのだ、という異教徒からの激しい非難が起こり、人々の間で広がりはじめた。

この状境のなかでアウグスティヌスは、後で見るように、長い歳月を重ねながら、忍耐強く思索を続ける。国家とは何か、危険にさらされた人類の歴史をどう考えたらいいのか、教会とは何か、神と歴史、信仰と歴史の関係はどう考えたらいいのか、という問いと真剣に向き合う。それはいずれも実に大きな、しかし重要な問題であり、また課題であった。

アウグスティヌスは切迫した環境のなかで、これらの困難な主題の追求に精力を注ぎ続ける。そして四一〇年から四二六年、五六歳から七二歳までの一六年間の長期にわたり、少しずつ執筆し、部分的に公刊を重ねていき、ついに大著『神の国――異教徒に対して』全二二巻を完成させた。本書については後でまたふれる。

司教職の引退と死　七〇歳を過ぎたアウグスティヌスは、四二六年九月、ヒッポ教会で会衆を前にして、若い司祭エラクリウスを後任司教とする旨を発表した。

アウグスティヌスは、司教職引退後も、論争と執筆活動を続けざるをえなかった。彼は自らをとりまく状況のなかで、そこにある問題と取り組み、その事柄について思索し、著作する、という姿

聖アウグスティヌスの棺祭壇
（パヴィア　サン - ピエトロ - イン - チェル - ドオロ教会）

勢を晩年まで維持し続けた。

ローマ帝国内での異民族侵入とそれによる混乱の嵐が続く。アウグスティヌスは、この激変する時代のさなかで、その人生の終わりを迎える。

フランス、スペインを襲ったヴァンダル族は、四二九年、ジブラルタル海峡を渡り、北アフリカに侵入した。彼らは至るところで暴挙をほしいままにし、その残念さの前に人も町も戦慄した。

北アフリカの諸都市はヴァンダル族によって西の方から次々に破壊されていった。四三〇年六月、ヴァンダル族は、アウグスティヌスが四〇年間、生き、働いていた場所、ヒッポを攻めるため、町を包囲した。町は避難民であふれ、海からは遮断された。市民は昼夜絶え間なく聞こえてくる異民族の叫びに怯え、飢餓に悩まされ、恐怖と不安の日々をおくった。アウグスティヌスは、町の人々と苦難を共にしつつ、そのなかでみなを励まし、力の限り働き続けた。

夏を迎え、暑さは厳しく、ヒッポの街の状況は困難さを増す。八月、アウグスティヌスは熱病で倒れる。床に伏し、死を迎えるまでの十日間、彼は罪の悔い改めの詩編を壁に貼り、終日それを読み、涙して祈り続けた。八月二八日、アウグスティヌスはヴァンダル族の叫びを聞きつつ、七六歳の生涯を閉じた。罪の懺悔と神の讃美以外は何も口にすることなく、最後の時を過ごし、息をひきとった。

包囲一四ヵ月目にヴァンダル族はヒッポに侵入し、町を占拠し、破壊した。彼らは四三九年一〇月カルタゴを陥れた。その後さらに侵攻を続け、ローマにまで至った。

アウグスティヌスは生まれ故郷の北アフリカで死んだ。彼の遺体はサルディニア島に移され、その後、八世紀に北イタリアの町パヴィアに運ばれた。そして今日、この町の「サン・ピエトロ・イン・チェル・ドオロ教会」に彼の墓が作られている。

アウグスティヌスが死んだ後、間もなく西ローマ帝国も滅亡した（四七六年）。ヴァンダル王国は六世紀に東ローマ帝国によって滅ぼされ、北アフリカから姿を消した。

現在、アルジェリアのアンナバ市の郊外にあるヒッポには、古代ローマの遺跡を見渡せる丘の上に「聖アウグスティヌス教会」が建てられている。そしてその入口の前には、ハート形をした「心」を手にしているアウグスティヌスの銅像が立っている。

II アウグスティヌスの思想

一　概観――アウグスティヌスの思想の特色

※アウグスティヌスの思想を二つの大きな主題、愛と歴史観にしぼり詳しく取り上げ、論じ、紹介していく前に、彼の思想の一般的な特色について簡単に述べておきたい。アウグスティヌスの著作を読み、そこに示されている思想を探ると、特に次の四つの面が大切で特徴的であるように思われる。

人間への関心

「私が私自身にとり謎である」

まず、アウグスティヌスは、人間に対して大きな関心を抱いている思想家である。それは何故であろうか。彼は言う、「私は人間である。人間に関わるいかなることも他人ごととは思えない。」（「手紙」一五五）

アウグスティヌスは、自分自身が人間であるから、その人間に関心を抱くのであるが、それは、自分自身に関心を抱くことに外ならない、と言えよう。では、何故、彼は人間である自分に関心を抱くのであろうか。

それについて彼は、その思いを次のように述べている。「人間が一番不思議である」（『神の国』第一〇巻第1章2）。さらに彼は次のように率直に告白している。「私が私自身にとり謎である」

（『告白録』第一〇巻第33章50）。

では、アウグスティヌスは、私が謎である、と何故思うのであろうか。この点に関しては、彼は、その著作の中で、特に自伝である『告白録』のなかで、その体験を、またその思いを、よく記している。たとえば、悪を悪と知りながら、その悪い行いをして楽しんでいる自分、繰り返しこれではダメだ、と思いながら、その悪い習慣から抜け出せない自分、愛したいと思いながら、愛せない自分、など、つまり、自分で意志しながら、その自分で意志していることが出来ない自分の状態。現実の自分を見つめていると、このような謎に満ちていることにアウグスティヌスは気づき、実際悩んだのであった。それで、自分自身に、人間に大きな関心を抱き、それについて実際的にも、理論的にも探究し、取り組み続けている。

ところが、多くの人は、この自分についてあまり関心を抱いていないし、また自分に注目もしないで生きている。そこでアウグスティヌスは、人間に、自分に関心を向けることの大切さを知ってもらうために、次のような勧めをしている。

「人々は外へ出かけて行き、山の高い嶺に、海の波浪に、河の悠長なる流れに、海流の循環に、星辰の運行に驚嘆しますが、しかし自分自身を見過ごし、驚嘆しません」（『告白録』第一〇巻第8章15）。この箇所は、イタリアのヒューマニスト、ペトラルカが、南仏のヴァンドゥー山に登ったおり、読み、感動した、と言われている。

アウグスティヌスは「人間は、自分は謎である」と思い、それに気づき、この謎を解こうと、一生にわたり人間の謎と取り組み続けた。その過程で彼の人間に関する思想が形成されていった。人間への関心の大きさが、彼の思想の第一の特色である。

内面の重視
心の哲学者
次に、アウグスティヌスは、人間に関心を抱くときに、また人間としての自分を問題にする時に、その外面ではなくて、その内面に目を向けることを重視した。何故なら、人間にとり、その人間を問題とするときに、その外面よりも内面が重要である、と考えたからである。では、人間の内面を見つめるとは、どういうことか。それは、アウグスティヌスにとっては、人間のうちにある心を問題にすることであった。何故か。それは、人間はその心は、人間の内奥にあり、人格の中心、ないしは基盤をなしている。したがって人間を問題にするとは、その心を、つまりその内面を見つめること、内省を通して自己を問題にすることが大切である。それが人間としての本当の自分を問題にすることである。彼は自分の在り方を告白するにさいして、自分と心の関係を次のように捉えて述べている。

「わたしがいかなる者であるにせよ、わたしが私であるその場所、わたしの心を……、まさにその心の中において私が何者であるかを告白する。」（『告白録』第一〇巻第3章4）

実際、アウグスティヌスにとり自分を問題にするとは、まさに自分の心を問題にすることであった。したがって、彼は自分の外的なことがらや体験を述べ、告白するさいにも、それだけで終わらずに、それに続けて「その時、私の心はどうであったか」と問い、その内面に注目し、たとえば、その時の心の状態を探り、分析していく。したがって、アウグスティヌスの自伝『告白録』は、単に彼の過去の外的事柄や出来事が記されているだけではなくて、そのおりおりの心が、その内面が深く見つめられ、鋭く描き出されているので、興味深く、そしてそれにより個人的な体験を超えて、人間一般に共通する普遍的な面を感じさせてくれるので、読者の強い関心を惹く、と言えよう。

そこでアウグスティヌスは、次のように人々にも勧めている。

「私が言おうとしていることをあなたの中で、内面で、あなたの内奥で認識しなさい。……あなたの衣類も肉も外に置き、あなたの中に沈潜し、あなたの秘密の場所、あなたの心の中に入り込み、そしてそこで、もし出来るなら、わたしが言おうとしていることを悟りなさい。」（『ヨハネによる福音書講解説教』第23講）

このように、アウグスティヌスは、人間の内面を、心を問題にする思想家であるため、思想史ではしばしば「心の哲学者」と呼ばれている。

ところで魂も心も、愛に関係づけられることが多い。特にアウグスティヌスの場合、心と愛が深く関係している理由があるので、それについてついでに少し触れておきたい。

彼は「あなたはわたしたちの心をあなたの愛によって射止めました」（『告白録』第九巻第2章3）

と記している。この箇所を、中世の有名な聖人伝の著者ヤコブス＝デ＝ボアギネがその『黄金伝説』で、アウグスティヌスに関する項目のなかに引用している。そのためヨーロッパにあるアウグスティヌスの画像には、「愛の矢で射抜かれた心」をもつ姿で表現されることが多い。

時間の内面化
アウグスティヌスの「時間論」

人間がその内面を重視するとは、外にあるもの、あるいは、五感でふれるものを意識して、内面で問題にすることに関わる、と言えよう。そのような例の一つとして、アウグスティヌスの時間論を取り上げておきたい。

人間の生活にとって時間は身近なものであるが、しかし、時間とは何か、と改まって問われると、答えるのは容易ではない。一般に、すでに古代から、時間には、過去、現在、未来という三つがある、と言われているが、過去という時間は何か、現在は何か、未来は何か、とそれぞれについて考えてみると、説明するのが簡単ではない。

古代ギリシアでは、時間を自然な流れ、あるいは、循環するもの、と見なしていた。朝、昼、夜、朝という一日の時間の流れ、春、夏、秋、冬という一年の四季の循環、生まれ、成長し、年老い、死んでいく人間の一生のサイクル、過去から現在へ、現在から未来への移行、これらはすべて時間の流れである。

ところがアウグスティヌスはこのような、時間は外に流れているもの、という時間理解に満足出来なかった。そこで問う。過去の時間は何処にあるのか、未来は何処になるのか、という問いを出す。過去はすでにないはずだし、未来はまだないはずである。そしてもし有るとすれば、何処に、どのようにして有るのか。そこで、アウグスティヌスは時間を内面化して考え、人間の意識と関係づけて捉えようと試みる。

アウグスティヌスによると、時間は人間の心の中にある。過去は記憶として心にあり、想起することで現在として存在し、捉えられる。未来は期待として心の中にあり、予測することで現在としての存在になり、捉えられる。現在は直視することで存在し、直面することで捉えられる。このようにアウグスティヌスは、時間を人間と無関係に外で流れていく自然的なものとは考えず、人間の心と、意識と、精神活動と関係づけて考察していく。未来、現在、過去という時間は、期待し、直視し、記憶する精神、ないしは人間の意識活動により、現在として存在し、把握されるようになる。

時間をこのように内面化し、意識の問題として捉えると、人間の時間への対処の仕方が重要になってくる。毎日の時間、年月、人生、歴史はもはや単なる時間の流れではなくて、人間の意識や精神活動によって変化し、意味をもったり、あるいは新しく創り出されるものとなるからである。つまり、人間は植物や動物と異なり、ただ自然の状態で生きているのではなく、自己の存在を意識し、自己の生き方について思索できるので、自らの在り方、生き方を選択できる自由をもっている。これは、人間が単なる外的な物質的な存在ではなくて、自らや外のものに対して、内的な面を、精神的な面をもって関わり得ることを意味している。したがって人間の内面の在り方、意識の仕方により、その人が与えられている人生をどのように過ごすか、その人に与えられている時間をどう使うか。これが人間にとって大きな問題である。

後で見るように、アウグスティヌスが歴史を導くのは人間の精神の働きと見なし、特に内面にある愛に関連づけて論じるとき、彼の時間理解がその背景にある、と言えよう。そしてこれは歴史だけでなくて、個人の生涯においても、その人の時間意識が、また心にある愛が大きな意味をもち、また役割を果たしている、と言えよう。

神と人間　神との関係　アウグスティヌスがその思想において、人間に関心を抱き、その内面を、心を問題にするとき、実は、もう一つ特色となる視点がある。それは、彼が、人間を、その心を、神との関係で問題にし、見つめ、省察している点である。彼は、キリスト教へ回心したすぐ後にまとめた本のなかで、次のように、当時の思いを述べている箇所がある。

「わたしは神と魂を知りたいと熱望しています。」（『ソリロキア（独白）』第一巻第2章7）

神と魂を知りたい、とは、どういう意味であろうか。この点に関して、アウグスティヌス自身が、同じく初期の著作のなかで、自らその意図を、意味を述べている箇所がある。

「哲学の問題は二つある。一つは魂に関わり、他は神に関わる。一つは、われわれに自己を認識

させ、他はわれわれの根源を認識させる。」（『秩序』第二巻第18章47）

これによると、魂を知ろうとすることは自己認識に関わる。これは先に述べた、人間を問題にすることは、その内面を、その心を問題にすることであることと、関連している、と言えよう。自己を内面において問題にするのは、自分の内面にある魂に関わり、それはまた自己認識に関わることを意味する。そして神を知るとは、自己の根源を問題にして、その根源を認識することに関わるのである。このようにアウグスティヌスにおいては、自己認識と神認識が深く密接に関わっている。自分と神を関係させて問題にし、また理解していこうとする。この点に関しては、『告白録』の冒頭にある祈りの中で、彼は神に向かって自らの思いを次のように表明しているので、それを引用しておく。

「あなたはわたしにとって何者ですか。わたしを憐れみ、語れるようにして下さい。私自身はあなたにとって何者であるかを。」（第一巻第5章5）

つまりアウグスティヌスは、人間を、自分を神との関係で知ろうとしており、また神を自分との関係で知ろうとしている。したがって、これが彼の思想における大切な課題であると言えよう。

そこで実際、アウグスティヌスはこの『告白録』においては、自分自身の生涯における神と自分の関係を外的にも内的にも探り、把握し、描こうと努めている。また他の著作においても、たとえば『三位一体』においては、神の働きと人間精神の作用との間に類似性を探ることで、神と人間をよりよく理解しようとひたすら努めている。さらに『神の国』では、歴史における神と人間の関係を壮大なスケールで探究し、それを明らかにしようとしている。

ところで、アウグスティヌスの、このように神を人間に関わらせて、また人間を神と関係させて問題にし、理解しようとする態度は、彼が聖書から学んだものである。彼は実際、この神と人間の関係を聖書から考察しようとしているので、この点において、アウグスティヌスはキリスト教的な思想家である。それを自覚して、彼は神に向かって、神をあなたとして、自分との深い関係を意識して、次のように呼びかけている。

「あなたはわたしたちをあなたに向けて創られました。そのためわたしたちの心はあなたのうちに憩うまでは、安らぎを得ません。」（『告白録』第一巻第1章1）

神に創造されながら、その創造主を忘れて地上で罪の中で彷徨う人間、それを愛をもって見守り、導こうとされる神、その神のもとに憩うまでは不安な旅を続ける人間の心。アウグスティヌスは繰り返し、神は創造者で、憐れみ深く、救いであり、人間は被造物で、惨めで、罪深い、と告白している。そして、神と人間がいい関係をもつことを、彼は望み、そのために現実的に、また理論的に思索し、語り、また行動していく過程で、彼の思想が形成されている。

聖アウグスティヌス（メッシーナ画）

信仰と理性
知解を求める信仰

アウグスティヌスはすでに見たように、聖書の教えを基本にして神と人間について思索し、生き、またヒッポ教会で教師として四〇年近く働いたキリスト教の思想家である。しかし彼は、信仰と理性とを相容れない対立するものと見なしていた北アフリカの思想的伝統とは異なり、信仰と理性を、神の啓示と人間の文化を、教会と社会を、相容れない対立するものとは見なさなかった。いなむしろ彼は両者の関係を重視し、特に信仰と理性を、キリスト教と一般の文化の総合を重視した思想家であった。

たとえば、アウグスティヌスのこのような立場は「知解を求める信仰」と呼ばれている。これは、ただ信じるのではなくて、その信じている対象が神であれ、キリストであれ、聖書であれ、教会であれ、その信じているものを、理性によって理解しようと努めることを重視する立場である。それゆえアウグスティヌスは常に信仰の意味を問い、信仰の内容を吟味し、また聖書の教えを理性により検討し、教会の教えをただ信じ、受容するだけではなくて、知性により理解しようと試みている。その点で、アウグ

スティヌスにおいては、信仰と理性が密接に関連しあいながら、その思想が形成されている。この点でアウグスティヌスは、信仰と知解の関係を重視している。そしてそれは神によるものである、と言える。この点に関して、彼自身は次のようにその考えを述べている。

「神はわれわれと共にいて、われわれの信じていることを知解出来るようにして下さる。」(『自由意志』第一巻第2章4)

また信仰と理解は互いに関係している、というのがアウグスティヌスの立場である。

「信仰は問い、知解は見出す。……人間は神をたずね求めるために、神を知解する者でなければならない。」(『三位一体』第一五巻第2章2)

このような信仰と理性による知解を総合しようとしているアウグスティヌスは、その立場を明確に記した本『キリスト教の教え』を書いている。本書については後で取り上げるので、今はふれないが、ここで信仰と理性、聖書と一般の文化の総合の重要さを主張する彼の立場が明確にまとめられ、提示されている。

なお、この信仰と理性の総合を重視するアウグスティヌスの態度の背景には、哲学と宗教が結合されている新プラトン主義の影響がある、と言えよう。そして歴史的には、このアウグスティヌスの立場がそれ以後の西洋中世思想、特にスコラ哲学を生み出す土台となったことは、言うまでもない。

以上、アウグスティヌスの思想の一般的な特色を簡単にまとめて述べてきた。そこで、次に、アウグスティヌスの思想のなかで、歴史的にみて重要で、また特色と見なされるものを二つだけ選び、それについて少し詳しく論じ、紹介していく。

二　愛の体験と愛の思想

二―一　はじめに――人間と愛

基本的な欲求としての「愛」　アウグスティヌスは、人間は誰しも愛し、愛されることを欲していること、それ故、人間にとり、愛は極めて重要である、と繰り返し語る。

そこでアウグスティヌスの思想を扱うにさいして、愛の思想と、またそれと関連のある歴史観を選び、論じることにしたい。まず中心的な主題の一つである愛に焦点を当てて、その内容を取りあげていくが、愛の思想は単なる理論ではなく、その背後にはその人の愛の体験があるので、彼の記述を手がかりにして、アウグスティヌスの生涯における愛の体験と愛の認識、及びその思想を関連させながら論述していく方法をとることにする。

言うまでもなく、愛はアウグスティヌスにとってだけではなくて、人間、誰にとっても大切である。またそれ故に、すでに古代から愛に関しては多く取りあげられている。そして愛に関して記述するさいには、愛のさまざまな側面を表すために、多様な用語があることに留意しておく必要もある。そこで、人間と愛について、またそれを表現する愛に関するアウグスティヌスが生きた古代社会における大切な用語について、またそれらとの関連で愛に関する幾つかの異なる基本的な理解と態度を、本論に入る前に簡単に取りあげておくことにする。

人間は誰でも、何かを、あるいは誰かを愛する、または誰かによって愛されることを欲し求めている。愛は人間の基本的な欲求と見なしていい。逆に言えば、何を愛するか、誰を愛するか、どのように愛するか、どのように愛されているか、などの体験と状境により、その人の人生が変わってくる面がある。愛が人間にとり大切であるために、いつの時代も、またどの民族でも、文学、思想、演劇、映画、漫画などでは愛を主題にすることが多い、と言えよう。それは人間はみな、誰でも愛に関心があり、また愛に心を打たれるからではなかろうか。確かに、愛したい、愛されたい、愛のある人生をおくりたい、と誰しも願う。どんなに多くの財産を所有していても、また社会的にいい地位にあっても、もし愛が欠けているとしたら、その人は淋しく、幸せではないのではなかろうか。

二―二　アウグスティヌスにおける愛

「愛」の思想の特色

フランスの優れたアウグスティヌス研究家、A．ソリニャックは、アウグスティヌスにおける愛の思想は、彼の思想のなかで一番中心的なものであるが、最も複雑であり、それ故に、理解するのが極めて難しい、と述べているが、私も同感で、全くその通りである。

そこで、少しでも分かりやすくするために、まずはじめに、アウグスティヌスにおける愛に関して、その全体的な特色を、予め簡単に書いておく。それは次のようにまとめることができよう。

（1）ギリシア的な愛とキリスト教的な愛を総合している。

（2）新約聖書から、特にイエスやパウロやヨハネの愛の教えを学び、神の愛と人間の愛を関わらせながら、その意味を深く捉え、そしてそれらを自らの体験と思索に基づかせながら解釈している。

（3）自らの人生における体験を通して愛の諸相を学び、それについて思索し、それを思想として深化、発展させている。そしてその自らの愛の思想を自らの生活において実践し、またそれをひとに勧めている。

（4）愛は精神の運動である。それゆえ、人間のすべてに、感情、知性、意志、肉体、欲望などに、つまりそのひとの存在と生き方と考え方に深く関わる。そこで人間の愛はいろいろな対象に向かう。

愛に関する用語

次に、アウグスティヌスによって使用されている愛に関する用語に注目してみよう。彼の作品に出てくる愛に関する用語としては、ラテン語で、次の三つが最も多く基本である。

「アモール（amor）」「ディレクティオ（dilectio）」「カリタス（caritas、charitas）」、なおこれらに対応するギリシア語の言葉としては、次の三つがある。「エロス（eros）」「フィリア（philia）」「アガペー（agapy）」。

アウグスティヌスの場合、アガペー（一般に神的な聖なる愛を指すと受け取られている）に当たるのがカリタスで、エロス（一般に人間的な俗なる愛を指す、と受け取られている）に当たるのがアモールである、と言うひとがいるが、アウグスティヌス自身は両者の意味と使用において、明確な区別はしていない。いなむしろ、彼はアモールを神との関係でも使用している、と見受けられる場合が多い。たとえば、「神の愛」（amor dei）とよく書いている。またカリタスをキリスト教的な聖なる愛を表す用語と見なすひとが多いが、これは歴史的には妥当ではない。アウグスティヌスが生き、活動していた北アフリカ地方では、ディレクティオをカリタスの代わりに用いていたし、またその点で、アウグスティヌスは両者を区別しないで、同じ意味で使用している。たとえば、アウグスティヌスの主著の一つ『三位一体』には、これに関して次のように記している。

「ディレクティオそのもの、あるいはカリタスそのもの——両方とも同じ一つもの（愛）をさす

――。」（第一五巻第18章32）

また彼自身が、この三つの愛の間には区別はない、とはっきりと述べていることを想起すべきである。たとえば、次のように書かれている。

「ある人々がディレクティオ、カリタス、アモールを意味が異なると考えている。実際、ある人々はディレクティオが善い意味での愛、アモールは悪い意味での愛をさすと言っている。けれども、世俗の作家たちでさえ、これらの語をそのような仕方で用いていないことはまったく確かである。……わたしたちの宗教の書は、アモールをディレクティオないしはカリタスから区別すべきことを暗示してはいない。」（『神の国』第一四巻第7章）

この点で、アウグスティヌスは、彼が親しみ、愛読していたローマの作家、キケロにおける愛に関する用語と思想の影響を受けた、と思われる。キケロでは、人間的な愛を表すために、カリタスという用語がよく使用されているからである（たとえば、『義務について』『プルトゥスへ』などにおいて）。またプリニウスにも、カリタスが一般的な人間の愛を指すものとして使用されている例を見出しうる（『自然史』9、25 caritas generis humani）。この点で、アウグスティヌスにおける愛に関するニグレンの主張は適切ではない。彼によると、アウグスティヌスが、ギリシア的人間的愛の「エロス・モチーフ」と聖書的神の愛の「アガペー・モチーフ」を総合してカリタスにしたところに、その特色と意義を見出す。またこれと同様な立場を唱えている日本人研究者もいるが、しかし、これは問題である。

なおここで、ついでに、アウグスティヌスの作品におけるこれらの愛に関する用語の頻出度を記しておきたい。

アモール（amor）三七八三回、ディレクティオ（dilectio）四八三三回、カリタス（caritas）四六八九回で、この三つを合計すれば、一三三〇五回になる。これから分かるように、愛に関する用語の使用が非常に多く、その頻出度から見ただけでも、アウグスティヌスがその生活においても、思想においても、いかに愛について大きな関心を抱いていたかを、うかがい知ることが出来よう。なお、カリタスには名詞形しかないが、アモールとディレクティオには動詞形、愛する（amo, diligo）があるので、動詞としても多く使用される場合があるのは、言うまでもない。たとえば、『告白録』における場合を例にあげると、amo の使用が、一八二回である。

以下、アウグスティヌスにおける愛に関する理解を見ていく。そのさいの方法としては、幾つかの可能性があるが、ここでは従来の研究においてあまり採用されていない方法をとることにする。

まず次節「愛の体験」では、アウグスティヌス自身の人生におけるさまざまな愛の体験とその内容を述べていく。次の第四節「愛の認識とその展開」では、アウグスティヌスの、主として幾つかの著作を年代順に取り上げながら、いろいろな主題との関連で、そこに記されている愛の理解とその展開を探っていく。この二つの面から、アウグスティヌスの幅広く豊かな愛の体験と思想の内容が明らかにされるであろう。

二―三　愛の体験

幼児における利己愛

アウグスティヌスの愛の体験を調べるには、資料として彼自身がその前半生を綴った自伝的作品『告白録』（全一三巻、三九七～四〇〇年）が重要なので、主として本書を利用するが（以下、（　）内に記した巻数と章数は、本書のものを指す）、しかし他の著作も参考にするのは、言うまでもない。

アウグスティヌスは、自らが、乳幼児であったときの状境に関しては記憶はないが、大人になって、まわりにいる乳幼児を観察することにより、そこに利己心、利己愛があることに気づき、それを取り上げ論じている。たとえば、

「幼児の肢体は弱く、無邪気でも、その魂は他者との関係で無邪気ではありません。わたしは幼児の嫉妬を見て知っています。彼はまだ話せませんでしたが、青白く、不快な目つきで、自分の乳兄弟を見つめていました。」（第一巻7章11）

アウグスティヌスは、これは人間誰しもが生まれた時からもっている、生きる上での自己を守ろうとする、本能的な愛の表れである、と受けとめている。そして親が、あるいは大人がそのような

利己的な愛をもっている幼児をよく観察しながら、人間が小さい時から生きていくうえで、特に他の人間との関係においてよき愛をもって生きていくように、育てることの大切さを促している。

遊びへの愛

アウグスティヌスは子供として、遊びへの愛が大切であることを体験し、それを書き記している。彼は初級学校で、読み、書き、計算、という教育の基本を学ぶようになったが、最初は必ずしもこのような学科の学習に興味を抱かなかった。それに、勉強を怠ると、当時の教育は厳罰主義であったため、教師も親も厳しく叱るのが普通であった。アウグスティヌスは子供として、勉強よりも、友だちと自由に遊ぶことを好み、面白い見世物に興味を抱いたので、よく叱られ、また罰せられた。そこで大人に対して反抗するようになる。大人にとって仕事が大事であるように、子供にとっては遊びが大切なのに、それを理解しない大人に対して反感を抱く。そして、アウグスティヌスは、子供には「遊びへの愛」があり、友だちとそれを楽しむ。教師や親の勧めに逆らったのは、彼によるとまさにこの愛のゆえであった。

「学科よりも良いものを選んだからではなく、遊びへの愛からでした。わたしは競技による驕《おご》りを愛し、虚偽に満ちた作り話では耳をくすぐられるのを好みました。」（第一巻第10章16）

「学校の先生、両親を騙《だま》し、遊びを愛し、馬鹿げた見世物に熱中し、芝居の真似をしたがった。」（第一巻第19章30）

文学と演劇における愛

アウグスティヌスは一〇代の少年のころ、ギリシアとローマの文学と演劇を多く読んでいる。そしてそのなかでも、彼の回想によると、特に愛を主題とする作品に関心を抱いた。

具体的には、たとえば、ホメロスの『オデュセイア』におけるトロイのパリスとヘレンの恋。この男女が愛しあったがゆえに、ギリシア軍が長年にわたるトロイ戦争をしたのであった。これは個人的な愛が社会的に大きな影響を与える場合があることを示しているので、アウグスティヌスの関心をひいた。ローマの作家、アプレイウスの『黄金のろば』における「愛と魂」の別れと再会の物語では、愛と心の結びつきの大切さを学んだ。

生涯のところでもふれたが、ウェルギリウスの『アエネーイス』におけるアエネーイスとカルタゴの女王ディードの悲劇的な恋愛は強烈な印象を与えた。果たすべき使命と女王との愛の間での葛藤に苦しむアエネーイス、彼との愛を喜び、またその愛の破綻に悩み、死を選ぶディードの運命に心を痛めるアウグスティヌスであった。

この頃、演劇における愛にも興味を抱いた。

「劇場の出し物が私の心を奪いました。それらは私の哀れな姿と愛欲を燃やす素材に満ちていました。」（第三巻第2章2～4）

アウグスティヌスは特に、悲劇と愛欲ものを好んだらしく、「涙と悲しみを愛する」「悲しむことを愛する」「愛欲をみて楽しむ」と書き留めている。舞台で愛しあっている者同士を見て、喜び、また別離せざるを得なくなると、それを悲しむ。舞台の上で愛しあっている人間同士の互いに会う喜び、そして愛しあっている者同士の別離する悲しみを見ながら、彼は、共に喜び、共に悲しむ。愛はそれに関わる人間を一体化する。アウグスティヌスはまさに、劇中の人物に自分を重ね合わせて、愛は大切だが、決して単純でも、簡単でもないことを感じ、そしてその複雑さを知らされ、愛の諸相に心を奪われる。

悪への愛　『告白録』第二巻4章でアウグスティヌスは少年の頃に働いた盗みについて告白している。そのさいまず、事件の外的経過を述べる。近所の畑に梨の木があった。真夜中に友だち仲間と一緒に侵入して、梨の木を揺さぶり、果実を盗んだ。

彼はこの体験を手がかりに、その盗みを行った当時の自分を振り返り、特にその内面の状態を探り、その心理の分析を試みている。

何故、梨の実を盗んだのか。貧困や食べ物に飢えていたからではなかった。では、何故なのか。そこで「おお、わたしの盗みよ。わたしは盗みなるお前のなかの、何を愛したのか」（第二巻第6章2）と自らに問う。そして、それは、盗みによって入手する品物ではなくて、盗み自体を楽しむため、禁じられていることをするのが面白かったからであり、また醜行が友人に劣るのを恥じたからであった。「これがわたしの心でした」と告白している（第二巻第4章9～第9章17）。ここではまた友と共に悪を楽しむ「友情なき友情」があることも指摘している。

そして（第二巻第8章16）、実際に盗みにおいて愛したのは、盗みそのものであったこと、しかも、それが悪い、と知っていたから、その悪を愛したゆえに行った、ことに気づく。この体験を通して、アウグスティヌスは愛の動機と、愛の対象の問題に直面している、と言えよう。そこで、もし盗みが悪と知りながらそれを行おうとすると、そしてそれが動機なら、それは不義を喜び、悪を愛する心を意味する。そこでアウグスティヌスは自分の内面に、悪を悪と知りながら喜び、その悪を愛する心が潜んでいることに気づく。彼は自分のこの状態を次のように描写している。

「わたしはただ悪人になろうとしました。わたしの悪意は悪意のための悪意にほかなりませんでした。それは醜悪でした。わたしはこの醜悪さを愛しました。わたしは滅亡を愛し、自分の罪を愛しました。しかも罪の結果ではなく、自分の罪そのものを愛しました。」（第二巻第4章9）

こうしてアウグスティヌスは、悪を愛する心が自分にあることに気づき、そして人間の愛は悪い対象にも向かうものでもあることを経験的に認識させられる。

後になってアウグスティヌスは、実際、人間の心の中にはこのような悪への思いが宿っていることを改めて指摘している。それは、たとえば、高慢、野心、媚び、怠惰、嫉妬、怒り、浪費などにも見られるものである。これらも同様な悪に支配されている心の状態を指している。つまり、悪を愛する心は、単に未熟な少年に宿るものではなくて、大人になった人間誰にでも宿っており、いろいろな形でそれが現れ出てくる、とアウグスティヌスは考えたのであった。そして、このような人間の内的な状態を生じさせるもの、その根底にあるものを、アウグスティヌスは人間の内奥に潜んでいるリビドー（libido, 情欲的な衝動）とみなす。この抑え難いリビドーに動かされるゆえに、人間は、悪い方へ向かう情欲的な愛に支配される時があるのである。

愛欲と快楽による愛

アウグスティヌスは一六歳になった頃の、故郷タガステにおける状境について、次のように述べている。

「どすぐろい肉の欲望と思春期の発する霧が渦巻き、わたしの心を覆い、曇らせたため愛の明るさと情欲の暗さを区別出来なくなりました。」（第二巻第2章2）

ここで彼自身が記しているように、この時期彼は、「愛の明るさと情欲の暗さ」を区別出来なかった。そして一七歳の終わりの頃、勉学のため、北アフリカの大都市カルタゴに移ることになった。

文学や演劇によって愛に目覚めさせられていたアウグスティヌスは、自分のなかに強い愛の欲求があることに気づき、愛を現実に求めはじめる。そして彼は、ある女性を実際に愛するようになったし、またその女性から愛されることを喜ぶ経験をした。それを通して、愛が単に精神的なものだけではなくて、肉体に関わる面ももっていることを、強く感じはじめる。彼は言う。

「愛し愛されることはわたしにとり、愛する人の身体をも享受できる場合、一層甘美で、楽しみが増大しました。」（第三巻第1章1）

こうしてアウグスティヌスは女性との感覚的、肉体的な愛の情欲を楽しむようになる。そして次第に、そのような愛におぼれていき、愛欲と肉欲を楽しむ生活に入っていく。そして一八歳の時、ある女性と同棲生活をはじめた。

フロイト

アウグスティヌスはかつて芝居で見て愛欲に燃えたことを、現実の女性との愛の交わりを自ら体験したのであった。なお肉体的な快楽をもたらす愛になれ親しんだアウグスティヌスは、これ以後、さらにいろいろな女性との交渉をもつ。こうしてアウグスティヌスは、肉体的な快楽と愛のもつ不思議な魅力を味わったのであった。このような経験から、アウグスティヌスは、男女間の愛が、たとえそれが夫婦の間であっても、情欲的なものがあることを知り、それを後には、説くようになった。

アウグスティヌスは上に述べたような自らの盗みの体験におけるその心理の省察と分析を通して、人間に宿る悪へ向かう抑えがたい傾向と、またここに見られるような男女の情欲的な愛とその力強い衝動を知り、人間に潜む無意識の領域の活動（リビドー）に注目し、それらを鋭く指摘したゆえに「意識せざるフロイトの先駆者」と呼ばれている。

知恵と真理に対する愛

一〇代最後の年を迎えたアウグスティヌスは、生涯のところでふれたように、キケロの対話編『ホルテンシウス』に出会い、この本を読み、その魅力溢れる文章だけでなく、その内容の素晴らしさに圧倒される思いであった。

このキケロの本を読んでから、アウグスティヌスは、実際、知恵を、真理を求める大切さに気づかされた。今まで見えるものへの愛、感性を楽しませる愛、地上的な愛を求めていたが、今やそのような愛だけではなく、見えない英知的な愛を、知恵と真理を愛し、探究するようになった。そして実際、これ以後、知恵への愛・哲学に覚醒させられたアウグスティヌスは真剣に知恵の探究に向かい、熱心に真理を愛し求めるようになる。

彼は言う、「知恵がどのようなものであれ、知恵そのものを愛し、求め、獲得し、固執するように、キケロの言葉によって、覚醒され、熱を吹き込まれ、燃えあがった。」（第三巻第4章8）

実際、アウグスティヌスはこれ以後、生涯にわたり知恵と真理を愛し求める、探究の旅路を歩み続けるようになった。

友情における愛

生涯のところでみたように、アウグスティヌスは二二歳の頃、しばらく郷里タガステで修辞学教師として働いた。そのおり、子供の頃から親しくしていた友人が、その地で同じ修辞学教師であったため、再会し、喜びあった。そして二人は、新しい思いで付き合いはじめる。二人は似通った趣味をもち、一緒に散歩し、遊び、旅行し、共に関心のある文学、哲学、宗教などの問題についてよく語りあうようになった。

二人は久しく顔を見ないと会うことを望み、出会うとかたい握手を交わし、真実をもって接し、話に熱中し、時間が経つのも忘れるほどであった。いつしか二人の心は理解と信頼をもとに一つになり、深い友情が育っていった。彼との親交はアウグスティヌスの精神を満たし、生きがいとさえなった。真の友情とは、アウグスティヌスによると、内的な愛による人間同士の結合、お互いの魂を共有するようなものである。それゆえ、互いに相手なくしては、すまされないようないい関係になる。この時の体験をふまえ、アウグスティヌスは友情について、後に『神の国』のなかで次のように書き記している。

「この誤りと苦しみに満ちた人間社会にあっては、真実で善良な友人たちの偽りのない信頼と相互の愛以外に、何がわたしたちを慰めてくれるだろうか。」(『神の国』第一九巻第8章)

ところが一年ほど親しく過ごしていたある日、その友が熱病に侵される。そしてその後間もなく亡き人となった。このかけがえのない人の死を知らされたアウグスティヌスは深い悲しみに襲われた。彼は、親友の突然の死、という全く予期しなかった出来事に見舞われ、その堪えがたい辛さのなかで悲嘆にくれ、心の内で煩悶する。

友とは「自分の魂の半分」である。魂を分かちあえる人、交わることにより互いの人生を益する人、それが友なのだ。だから友とは「二つの肉体に宿る一つの魂」とも言われるのだ。たしかに彼は私にとり、真の友であった。その彼はもういない。まだ若い彼が死んでいなくなるとは思ってもみなかった。死よ、私の愛する者を奪った死よ。私はおまえが憎い。

……待てよ、真に愛しているものが死んだら、自分も一緒に死ぬべきではないのか。死が怖いのか。それとも残った半分の魂を持つ私までが死ぬと、魂全体が死んでしまうゆえに、私は半分の魂を持ってむしろ生きていくべきなのだろうか。

……一体、自分は何故、このように歎き悲しむのか。人間は死ぬべき存在なのに、その人間を、死にゆく者でないかのごとく愛したからではないのか。人間は、愛の対象を見出して喜び、幸せにひたる。しかし形あるものはいつかは消滅し、生命あるものは必ず死ぬ時が来る。人間の愛する者はすべて死を迎える。愛する喜びを知った者は、その愛する者からその死によって引き裂かれ、歎き、悲しむ。では、死ぬべき者を愛する人間はどうしたらいいのか。愛こそ永遠であるべきはずなのに、その愛がはかなく消えて、失われる愛のゆえにかくも惨めになろうとは。永遠の愛、不滅の愛はないのか。

アウグスティヌスは煩悶し続ける。そして彼は、これは、人間の心が一時的なものへの愛ゆえに味わう惨めさを表しているると同時に、人間が永遠の愛を希求している姿でもある、と思いはじめる。そしてこの死別の歎きを通して永遠の愛の道を探し求めるようになる。

アウグスティヌスはすでに、キケロによって、友情とは何か、を学んでいたことを思い起こす。「友情は、……人間的かつ神的事物についての、好意と愛をともなった同意である」と彼は友情を定義している。友情における愛は、人間的な面と神的な面をもっている。そこで、アウグスティヌスは、友情における人間の愛を神との関係で捉えようと試みる。そこで言う。「あなたを愛し、あなたにおいて……友を愛するひとは幸いです」（第四巻第9章14）。この意味で愛は地上的なもので終わるのではなく、神にあって永遠に続くのである。こうして地上の友情における愛を、アウグスティヌスは神の愛との関連で、つまり、永遠の相の下で見ることにより、その永続性を信じるに至ったのである。

ある女性との愛

すでに触れたように、アウグスティヌスは最初のカルタゴ滞在中の三七二年頃、ほぼ同年輩のある女性と知りあい、愛しあい、同棲生活を始めている。そしてその翌年、二人の間に、息子アデオダトゥスが生まれ、アウグスティヌスは一八歳で父親になった。そしてその後、三八三年には、ローマに行き働いたが、その翌年にはミラノに移った。アウグスティヌスが移動しながらも、仕事の面で経験を積み、次第に高いいい地位を得て、活躍するようになるこの年月の間、同棲していた女性はずっと一緒で、アウグスティヌスと息子と生活を共にしていた。

ところが、三八五年にアフリカからモニカがミラノにやってきたことで、事態に変化が起こる。母モニカは、息子がローマ皇帝の宮殿付の教師になっているのを見て喜ぶと同時に、身分の異なる女性との生活を止め、その地位にふさわしい家柄の娘と結婚することを望み、勧めるのであった。アウグスティヌスも、自らの社会的な高い地位での派手な活躍に得意になっており、一〇年以上も連れ添っている彼女を配慮する余裕を失っていた。母と連れ合いから別れることを強いられて、この女性はアフリカに帰らざるを得なくなった。

長年連れ添い生活を共にした女性の愛に応えることなく、自分の都合で追い出してしまったアウグスティヌス。こうして彼女の愛を裏切ったアウグスティヌスにとり、この時の態度はまさに「重大な罪」であった。それゆえ彼はこの後もずっと、この時の自らが彼女に対して犯した罪を心の底にしまい、痛みを抱き続け、忘れることは出来なかった。そのため、彼は次第に胸を患い苦しむ日々をおくり、そして一年後には、宮廷での高い地位を退いた。そして自らが罪深い人間であるとの自覚から、神の愛にすがり、その赦しと救いを求めて、教会に通い、キリスト教に回心し、その後、修道士的生活に入ったのであった。そしてアウグスティヌスは、その『伝記』を書いているポシディウスによると、その後、生涯にわたり、隣人愛に生きると同時に、自らの近くに女性を近付けなかった。

アウグスティヌスは無理に離別した彼女への配慮からか、自らの若き日の罪の告白を記している自伝において、彼女との関係には言及しているが、その名前は伏せている。なお彼女は北アフリカに帰った後も、息子アデオダトゥスとは手紙による交流を続けていた、と言われている。

家族への愛
父パトリキウス

人間関係において、家族は、特に親子は血縁上の自然な繋がりもあり、基本的なもので、したがってとても大切である。そしてその関係の土台となっているのは、愛である。幸いアウグスティヌスは、母親、父親、子供とのあたたかい愛の関係を経験していた。そのため、肉親の死にさいして、彼らに対する愛と別離の苦悩を書き残している。

一七歳のアウグスティヌスが郷里を離れて、カルタゴで、父親の経済的な支援を受けながら学業を続けていたとき、彼の父パトリキウスは故里のタガステで亡くなった（三七〇年頃）。彼は死の床で、妻モニカの勧めを受け入れ、キリストへの信仰を告白し、洗礼を受けたのであった。父親についてはあまり多くのことを書き残してはいないが、その少ない箇所のなかに、次のような記述がある。ここには彼の父親の愛とそれに対する感謝の思いが表されている。

「当時、家庭の経済力を超えて息子のために、しかも、勉学のために長期滞在が必要なあらゆる費用を準備したひと、わたしの父に、賛辞をおくらないひとはありませんでした。じっさい、はるかに裕福な多くの市民たちのなかの誰一人として、子供のためにそのような苦労はしませんでした。」（第二巻第3章5）

この父親の息子に対する愛と経済的な支援のお蔭で、アウグスティヌスは当時としては、一般の人たちよりは多くの教育を受ける機会に恵まれ、それにより素質が育成され、また自らの努力とあいまって成長し得たのであった。この点で、アウグスティヌスの生涯にとり、父親の愛による労苦と支援は実に大きな意味をもったのであった。そして彼自身、父親の愛を一生、心に留め、感謝の思いを抱き続けていた。またこの自らの経験を活かし、彼は息子の教育に愛をもって熱心に取り組んだ、と言えよう。

家族への愛

息子アデオダトゥス　アウグスティヌスが一八歳の時、同棲していた女性との間に生まれた息子アデオダトゥスは、才能豊かで、いい青年に成長していった。

北アフリカのカルタゴ生まれのアデオダトゥスは一一歳のとき、両親とともにイタリアに渡った。そして父親が若い青年たちを教育するさいには、いつもその中にいて、父を愛し、慕いながら、一人の生徒としてつねに学びを続けていた。アウグスティヌスがミラノでキリスト教に回心したおり、彼もまた一緒に同じ信仰に入っている。そのすぐ後、三八六年の秋から翌年の春にかけて、ミラノの郊外で、アウグスティヌスが自分の親戚や多くの弟子や青年たちと共同生活をしながら、集中的に教育に取り組んださいには、アデオダトゥスもその集団の中で、指導を受けながら、積極的に学問的な討論に参加している。

たとえば、アウグスティヌスは、三八六年一一月に行った『至福の生』に関する討論の参加者七名について本書の中で言及しているが、息子については、「わたしたちみんなの中で最年少ではあるが、父親の欲目でなければ、その精神的素質において前途有望なわたしの息子のアデオダトゥス」と述べている。

またこの後、三八七年春、復活祭に洗礼を受けるためにミラノに引き返したおりも、アデオダトゥスは一緒だった。その時のことを、アウグスティヌスは後に回想して、次のように書いている。「わたしたちはまだ少年アデオダトゥスをも伴っていました。彼は肉の面からはわたしの罪のゆえに生まれました。でもあなたはこの少年を立派に育ててくれました。彼は年齢はわずか一五歳でしたが、才能の点では、多くの立派な学識者たちを凌駕《りょうが》していました。」（第九巻第6章14）

ところが、三九〇年、このアデオダトゥスが一七歳でこの世を去る。この才能豊かで、早世した息子を記念して、アウグスティヌスは一〇年後の四〇一年に、かつて行った彼との対話をまとめた本『教師』を出版している。本書について、アウグスティヌスは以下のように説明している。

「この本のなかでわたしと対話者という立場で参加して語っていることはすべて、あなたがご存知のように、この少年の考えです。この時、彼は一六歳です。彼はこれ以外にも多くの驚くべき才能があることをわたしは経験しています。そのような彼の才能にわたしは驚嘆しています。」（第九巻第6章14）

これらの発言を読むと、親バカだ、という印象を受けるが、アウグスティヌスが息子をどれほど愛し、また息子を評価し、彼に大きな期待をかけていたかがよく分かる。そのような彼の息子に対する大きな愛が、また愛による熱心な教育が、彼を有望な青年として育てていたのである。その愛する若い息子を早く失ったアウグスティヌスは、どれほど悲しみに浸ったことであろうか。

しかしこの度は、ただ歎くだけではなく、神の愛のみ手のなかに息子がいることを信じ、またそれゆえに、親子の愛がなお続いていると思い、その苦悩を耐え忍び、悲痛な思いを乗り越えようとしたのであった。そして彼がこの後、生涯にわたり、若者の教育に愛をもって励んだのは、そして多くのよき人材を育てたのは、自らの親子の愛の経験をもとに、そしてそれを超えた愛を抱いて、若者の教育に取り組んだから、と言えよう。

家族への愛　母モニカ　アウグスティヌスは母モニカについて、父親に比べると、はるかに多くのことを書き記して残しているので、モニカのこと、また母との関係を詳しく知ることができる。

そのなかに、たとえば次のような描写がある。

「母はしばしば施し、あなたの聖徒たちに従順で、熱心に奉仕をなし、一日も休むことなくあなたの祭壇に供え物を捧げ、日に二度、朝と夕に欠かすことなくあなたの教会を訪ねましたが、無駄話や老婆のおしゃべりのためではなく、あなたの説教のなかであなたの言葉を聞くためであり、また、彼女の祈りのなかで自分の言葉を聞いてもらうためでした。彼女が涙してあなたに乞い求めていたのは、金でも銀でもなく、移りかわり、過ぎ去っていく物でもなく、ただ息子の魂の救済でした。」（第五巻第9章17）

モニカは息子のことで、幾度も落ち込みながらも、泣いて涙しながらも、祈り続けた。そして行きづまったとき、「涙の子は滅びることはない」と司教アンブロシウスに言われた言葉により、支えられた。

アウグスティヌスは幸い、母の祈りとアンブロシウスのいい指導を受けて、三八六年夏、キリスト教へ回心する。それを喜ぶ母、そして同じ信仰に生きる親子は親しさを深め、内外ともに幸せな生活をおくる。そのような平和な日々を過ごしていたとき、母は故郷のアフリカに帰りたい、そこで死にたい、そして夫の傍らに葬ってくれ、と息子に胸にある思いを告げた。その母の願いに従い、アウグスティヌスはアフリカに帰ることを決めて、家族と一緒に帰路につく。ところが、ローマの港、オスチアでアフリカへの船出を待っている間に、モニカは病に倒れる。

「母は病気になってから九日目、彼女が五六歳、わたしが三三歳のとき、彼女の信仰深い魂はその肉体から解き放たれました。」（第九巻第11章28）

アウグスティヌスは母モニカの死のさいの自らの心境を率直に書き留めている。

「わたしは母の目を閉じました。すると大きな悲しみがわたしの胸のうちに込み上げてきて、涙となって溢れ出しました。」（第九巻第12章29）

「ところで、わたしの内面にひどい痛みを与えたのは何だったのでしょうか。それは母と一緒に生活するというこの上なく甘美で愛に溢れる習慣から突然引き離されたために生じた新しい傷にほかなりません。じっさい、彼女の病の終わりのとき、優しく看病につとめていたわたしを労って、わたしを親孝行息子と呼び、わたしの口から彼女に対して冷淡で失礼な言葉は一度も聞いたことがない、と深い愛情をもって語ってくれた母の証言をわたしはとても嬉しく思いました。」（第九巻第12章30）

母モニカの死　嘆き悲しむアウグスティヌスとアデオダトゥス

このようにアウグスティヌスは母モニカを通して、人間の愛を身近に体験した。それは人のことを心に留め、その人のために祈り続ける愛、裏切られても、裏切られても、信じ続ける愛、ひとのために尽くす愛、相手のことを思う心情であった。

それゆえ、アウグスティヌスは、たとえば、初期の著作の中で、自分が今日あるのは、ひとえに母の愛のお陰である、と書いている。親の愛、親が子供のために出来ること、それは子のことを思い、いつも祈り続けることであった。アウグスティヌスはこの愛を母を通して知った。ひとは生きていく上で愛による支えが大切である。人間は誰でも愛を必要としている。これをアウグスティヌスは母モニカとの関係で体験した。

神の愛

すでに見たごとく、アウグスティヌスは三三歳の時に、創造主なる神を信じるようになった。その時、彼は次のような歎きの声をあげている。

「あなたを愛するのがあまりにも遅すぎました。なんと古く、なんと新しい美よ。あなたを愛するのがあまりにも遅すぎました。ああ、あなたは内にいたのに、何と、わたしは外にいました。そしてわたしは外にあなたを探しました。しかもあなたの創られたその美しいもののなかに、わたしは醜い姿で落ち込んでいました。あなたはわたしと共にいましたが、わたしはあなたと共にいませんでした。」（第一〇巻第27章38）

ここで、アウグスティヌスはさらに自問する。神を愛している、という時、何を愛しているのか、と。たとえば、次のような箇所がある。

「わたしがわたしの神を愛するとき、わたしは何を愛しているのでしょうか。」（第一〇巻第6章8）

これに対して、アウグスティヌスは、神は物体的なものでも、移りゆくものなどでもない、と語ってから、「わたしの神は、わたしの内なる人間にとり、光、声、香り、糧、抱擁なのです」（第一〇巻第6章8）と述べている。つまり、アウグスティヌスにとり、神は、彼の心を照らし、心に語りかけ、心を包み、養い、暖かく抱く方であった。自分の心と深い関わりを持つ、そのような神をアウグスティヌスは愛するようになったのである。

二―四　愛の認識とその展開

以上第三節で、アウグスティヌスの人生のいろいろな段階におけるさまざまな愛の体験について述べてきた。そこで次に、アウグスティヌスが、愛をどのように認識しているか、また彼は愛を思索においてどのように展開しているか、また生活の場で愛の体験をふまえて、どのように実践しているのか、という面を見ていきたい。

「愛は神に属している」

アウグスティヌスは、愛について考えるとき、それを神との関係で見ていく。そして当然ながら、神の愛について考える時には、それを聖書との関連で考え、述べようとしていく。

聖書によれば、神は愛である。愛は神から出るもので、愛する者は皆、神から生まれ、神を知っているからです」（「説教」七）。では何故、このように言えるのか。それは「神は愛だからです。」「神は愛を与え給い、神は愛を賦与される。愛は神から出るのであり、愛は神に属している」（「説教」七）。

アウグスティヌスは、この神より与えられている愛を、人間生活のいろいろな場面において考え、展開し、その大切さを述べていく。そこで以下、彼の幾つかの著作を取りあげ、そこに見られる愛の思想、その認識と展開に注目したい。そしてそれを通して、彼の愛の理解とその内容とその意味の広がりが明らかになるであろう。

1 キリスト者の生活と愛

『カトリック教会の道徳』

『カトリック教会の道徳』（三八八～三八九年）において大切なのは、ギリシア的な思想と徳が、愛を手がかりに、キリスト教化されている点である。二つの面でこれを見ることができる。

（1） まず、興味深いのは、ギリシアの四元徳、節制、勇気、正義、知恵（賢慮）をすべて愛により キリスト教の徳にしている点である。つまり、ヘレニズム思想のキリスト教化が行われていると言えよう。ではそれはどのようになされているのか。

本書、第二巻15章以下によると、次のように説明されている（第二巻第15章25）。

徳は神に対する最高の愛である。そこで四つの徳は、愛のいろいろな動機によって分けられ、説明される。

節制　temperantia　神のために自らを潔白に保つ愛
勇気　fortitudo　神のためにすべてのことを喜んで堪え忍ぶ愛、剛毅
正義　justitia　神に奉仕する愛、それを勧める愛
賢慮　prudentia　神に至るために役立つものと妨げになるものをよく見分ける愛

（2）次に、ギリシアの思想で重視された、最高善を求めることと幸福な生活との関連について、アウグスティヌスは、愛と関わらせて、以下のようにキリスト教化して説明している。

最高善とは、神である。したがってこの神を求めて所有することが、幸福である。最高善なる神を求める、そして幸福はこの神を自分のものにすることである。アウグスティヌスによると、それを実現するのが愛である。彼はそこで愛を強調する。「われわれがこの神に一致しうるのは、たしかに、愛（dilectio）、愛（amor）、愛（caritas）のみによってである」（第一巻第14章24）。

アウグスティヌスは、ここでは、ラテン語の愛という三種類の言葉をみな使って、愛の重要性を強調している。つまり彼は、この三つを区別していない。愛が人間を最高の善に導く、愛が人間を幸福にする、という立場である。そして、大切なのは、この神と人間の愛の関係が、さらに展開されている点である。アウグスティヌスによると、愛により最高善なる神を求めるひとは、また愛により神を所有して幸福になるひとは、そこで留まらずに、その愛を隣人に向け、また自分に向ける。神を愛する人は、隣人を愛するようになり、また自分を愛する、とアウグスティヌスは説いている

が、これは愛に関する大切な認識と言えよう。

2 教育における愛

『教えの手ほどき』 若い教会の指導者から、初心者を教え導く時に、どのようにしたらいいか、何が大切か、という質問を受けたアウグスティヌスは、自分の考えをまとめて書いて、『教えの手ほどき』（四〇〇年）という本の形にしてそれを返事として送った。この文書のなかで、彼は教育において、指導するさいに、大切なのは、愛である、と繰り返し述べている。つまり、話す場合も、聞く場合も、愛が基本で、また愛が人を養い育てることを確信していた。彼の言葉を少し引用してみる。

「話す者も、聞く者も、万事において愛を目指すように。」（第3章6）

「あなたはこの愛を自分の目的とし、すべてのことをこの愛に向けなさい。あなたは話すときにはいつも、相手が聞いて信じ、信じて希望し、希望して愛するようになるように話さなければなりません。」（第4章8）

「教える場合、すべてを愛という目的に向かわせましょう。」（第6章10）

これは、ひとがどんなに大きな力をもち、財産をもち、信仰をもっていても、もし愛がなければ、すべては虚しい、という聖書の教えに対応している、と言えよう。

3　聖書解釈の鍵としての愛

『キリスト教の教え』

聖書は古代においてまとめられ、編纂され、キリスト教の正典として、その教えと生活に規範を示す書物として重視された。しかし、長い年月に渡り多種多様な人々によって書かれた多くの文書の集まりであるため、また分かりにくい箇所もあるので、その解釈がしばしば問題になった。

そこでその解釈の基準として、教会の伝統、たとえば、古代の教会が定めた信仰告白や信条に従って解釈することが重んじられた。この問題に関して、アウグスティヌスは、単に教会の伝統や信仰だけではなくて、聖書は文献であるため聖書解釈にとっては、一般の知識や学問も重要である、と考え、主張し、しかもどのようにしてキリスト教と一般の学問を関係させたらいいのか、を詳しく検討し、そしてキリスト教的な解釈学をとなえた。これが、『キリスト教の教え』(三九七～四二七年)という本で、中世の学問、文化に大きな影響を与えたゆえに、大切な作品である。今は、その解釈学全体は取り上げないが、この本の中で、アウグスティヌスが聖書解釈で重視していることに少しだけ触れることにする。

アウグスティヌスは、まず聖書は全体として、何を表明し、何を重視しているのか、と問う。それは神と人間の関係を示す。では、それはどのような関係か。それは、愛の関係である。そしてさらに、解釈すべき聖書の最も中心的な教え、事柄は何か、と問う。そして、それは愛である、と明確に述べる。

このような理解の根拠として、アウグスティヌスは次の聖書の箇所を挙げる。まず、「愛の規則は神によってたしかに制定されたもの」であると述べてから、イエスの言葉を引用する。それは律法の専門家がイエスに「先生、律法の中で、どの掟が最も重要ですか」と問うたことへの応答である（『キリスト教の教え』第一巻第22章第21）。

「心を尽くし、精神を尽くし、思いを尽くして、あなたの神を愛しなさい。これが最も重要な第一の掟である。」

「第二も、これと同じように重要である。隣人を自分のように愛しなさい。」

そこでアウグスティヌスは、聖書解釈についていろいろ論じた最後で、

「すべてのことの中で主要なことは、律法と聖書全体の豊かさと目的は、悦び所有すべき神を愛し、その悦ぶべき神をわれわれと共に悦ぶことのできるひとを愛することである、と知ることである。」（第一巻第35章39）

と主張する。さらにアウグスティヌスは次のように念を押して、言う。

「そこで聖書全体を、あるいはそのせめてその一部なりとも自分で理解できている人は誰でも、聖書を理解することによって、その人が神と隣人に対するふたつの愛を建てるところまでいかないとしたら、まだ聖書を理解したとは言えない。」（『キリスト教の教え』第一巻第36章40）

このように、アウグスティヌスは、聖書はその解釈にさいして、その聖書の最も中心的な内容に

即してなされるべきである、と述べている。これは、一般の文献解釈においても同じである。つまり、ある文献を解釈する場合、その中心的な主題、ないしは内容に即して解釈されることが基本原則であるからである。では、聖書の場合に、それは何か。それは愛である、とアウグスティヌスは明確に指摘し、そして、解釈する人はその内容、愛を明らかにし、またその愛を自らのものにしなければならない、と強調している。

4　三つの愛
――愛の秩序――

アウグスティヌスは、聖書に基づき、神への愛と隣人（世界）への愛の二つを強調するが、しかし同時に、三つ目の愛、自己愛についても多く述べている。これは彼の愛に関する考えの特色である。たとえば、ドイツの宗教改革者マルティン＝ルターによると、キリスト教は自己愛を教えてはいない、と見なされている。

しかしアウグスティヌスによると、愛には三つある。

「自己愛については何ひとつ語られていなかったように見える。しかし、『あなたの隣人をあなた自身のように愛しなさい』（「マタイ」第22章39）と言われているとき、同時にあなたの自分への愛が除外されているのではない。」（『キリスト教の教え』第一巻第26章）

「神は二つの主要な掟を、つまり神への愛と隣人への愛とを教えており、人間はその掟のうちに神と自己自身と隣人という三つの愛すべきものを見出し、そして神を愛する者は自己を愛することにおいて誤らないで、人間は自分自身のように愛せることを命ぜられている隣人を、神を愛するために助けるということになる。」（『神の国』第一九巻第14章）

そしてこの三つの愛は、人間の精神の運動と見なされている。愛は「神を神ご自身のために、また自己と隣人を神のために愛することを目指す精神の運動である。」（『キリスト教の教え』第三巻第10章15）

では、この三つの愛、神を愛する、隣人を愛する、自分自身を愛する、これはどのような愛をさしているのであろうか。

まず、神を愛することについて。

それは、すでに述べたように、自分を創造し、生命を与え、生かしている神を知り、その神を愛することである。そして、アウグスティヌスは、この神を愛するとは、人間を愛することである、と考えている。逆に言えば、目に見える人間を愛していないひとは、目に見えない神を愛していない、と聖書の教えに基づきながら（『ヨハネの手紙一講解説教』4・7〜8）、しばしば述べている。

次に、隣人愛については、他の人間を愛することであるため、そしてそれが同時に神を愛することでもあるため、アウグスティヌスは多くのことを述べている。たとえば、「人間相互の愛ほど、神の愛に導く確かな階段というものは何も存在しない」（『カトリック教会の道徳』第二部25、48）。

ここでは、それ以外の面を述べている彼の言葉を少しだけ紹介する。

「すべての人を平等に愛さなければならない。」(『キリスト教の教え』第一巻第28章29)

「われわれはどんな人をも、その人が生きている限り、愛をもって接すべきである。」(『詩編注解』36、2)

最後に自己愛について、アウグスティヌスがそれをどう考えているかを簡単に説明しておく。自己愛とは、神により創造され、生かされ、愛されている自分を大切にすることである。そしてこれは、神を愛する時に自覚される。

「神を愛する人は自分自身を愛さないでいることは出来ないからである。むしろ神を愛する人だけが自分自身を愛しうるのである。」(『カトリック教会の道徳』第二部26、48)

なお自分自身を愛するとは、単に自分の精神だけでなくて、自分の身体も大切にして愛することが意味されている。

「もしあなたが自分を全体として捉えるなら、あなたの精神と身体を、隣人を全体として捉えるなら、隣人の精神と身体を愛すべきである。人は精神と身体からなっているからである。」(『キリスト教の教え』第一巻第26章27)

つまり、自分を愛するとは、ありのままの自分、その心も身体も、そのすべてをそのまま受け入れ、大切にすることを意味している。

5　愛とその対象との関係
「享受」と「使用」

愛において大切なのは、その対象が何かである。何を、どう愛するのか。この点ではアウグスティヌス自身、いろいろな対象を愛した経験をもっている。それゆえ、彼は問う。

愛が何に向けられるか、その愛の対象は何か。愛する者とその対象との関係はどうか。この点について、アウグスティヌスは次のように言う。

まず愛は、その愛するものを愛する者と結びつける、愛は愛する人と愛されるものとの二つを一にする生命である（『三位一体』第八巻第10章14）。たとえば、恋愛、友情、親子の愛などがそうである。

次に、愛は、何を愛するか、その対象によって、その愛の善し悪しが決まる。アウグスティヌスによると、「愛すべきものを愛する愛」と「愛すべきでないものを愛する愛」が一人の人間のなかに存在しており、そして人間を「善い生活に導く」か、「悪い生活に導く」ようになる（『神の国』第一一巻第28章）。たとえば、愛を乱す悪徳、あるいは愛を育てる善徳と結びつくこともある。また は、追い求める愛の対象、それが物質的な場合もあれば、精神的なものの場合もあり、愛はその対象と深く関わるゆえに、それにより、愛するものの態度や生活が異なってくる。

ところでアウグスティヌスは、愛と愛の対象との関係について独自な理論を提唱しているので、それを次に紹介したい。

愛とその対象との関係は、二つの仕方で考えられる。その対象を享受するか、あるいは使用するか、この二通りである。この対概念はストア派の教えからの援用であるが、アウグスティヌスはこれを次のように説明している

「享受（frui）とは、あるものにひたすらそれ自身のために愛をもってよりすがることである。」

「使用（uti）とは、役立つものを、愛するものを獲得するということに関わらせることである。」

（『キリスト教の教え』第一巻第4章4）

享受と使用は、換言すれば、目的と手段という言葉で説明されるかもしれない。愛する対象は、愛するそのものなのか、あるいは、それは何か別の愛するものを獲得するための手段なのか。その対象を愛するのは、そのもののために愛するのか、あるいは、何かほかのもののためにそれを使用するために愛しており、それは単なる手段に過ぎないのか。

アウグスティヌスはこれを次のように説明している。「あるものは享受の対象であるが、あるものは使用の対象である。またあるものは享受と使用の対象である。」たとえば、神を愛する場合はどうか。享受か使用か、目的か手段か。人間を愛する場合はどうか。享受か使用か、目的か手段か、あるいはその両方か。これにより、愛し方が、またその対象との関係が異なってくるのである。愛する対象は、享受するもの、つまり、そのもののために愛するもの、たとえば神。また、対象そのもののために愛するのではなくて、別なもののために使用する、手段とするためのもの、たとえば、

お金。享受と使用の両方の対象になるもの、たとえば、人間。そこで、あるものを愛する時に、その愛の対象とどのように関わるか、それをどのような意味で愛しているかを、意識する必要がある、とアウグスティヌスは述べている。そこで使用に関しては、さらに次のように言われている。

「ところで誤った使用は濫用、あるいはむしろ悪用と呼ばれる。」（第一巻第4章4）

愛する対象を他のために使用するだけでなくて、それを悪用する場合があることを、アウグスティヌスは指摘し、注意を促している、と言えよう。

6　三位一体の神の本質としての愛『三位一体』

古代において、キリスト教の神は、天地の創造主なる神（父）、人間を救うために世に来て人となった子なる神イエス＝キリスト、イエス亡きあと、地上で働いている聖霊なる神（み霊）、という三つの在り方で、三つの働きをしていながら、一つの神である、と考えられていた（三位一体の神）。そこでその理解の仕方、説明が簡単ではなく、多くの異なる立場があり、論争も絶えなかった。この問題は四世紀に、教会会議などで論議され、神は三つの人格をもつが本質は一つである、という説明でほぼ決着していた。その後であったが、五世紀になり、アウグスティヌスもこの主題について、その重要さのゆえに思索し、その結果を『三位一体』（全一五巻、四〇〇～四二一年）という本にまとめている。

本書の特色は、神における三一性を、存在論的にではなくて、関係論的に、特に人間の精神との関係で捉え、論じている点である。

たとえば、一人の人間のなかにある三一性として、存在する、知る、意志する、という三つの働きがあるが、それでも一人の人間である。あるいは、人間はその精神において、神を想起し、神を知解し、神を愛する、という。人間はこの三つの機能をもちながら、一人の人間である。

ところで、すでに述べたように、アウグスティヌスは、神の実体は愛であることを重視する。そこで人間が神を知りたいと望むのは、神を愛するからである。したがって、神を知り、愛するとは、愛とは何かを探ることでもある、とアウグスティヌスは考える。では、人間が愛するという時、その愛とは何か。愛には、愛するもの、愛されるもの、愛そのもの、という三つの側面がある。しかも愛という点においては、それは一つである。これは神においては、愛する父なる神、愛されるものとしての子イエス＝キリスト、愛そのものとしての聖霊であり、そしてこれは一つの神という人格における一つの本質としての一つの愛である。こうして、愛する者、愛される者、愛そのもの、という三一性を考察していき、人間の精神におい

キリストの磔刑図
（グレコ画　マドリード　プラド美術館蔵）

ても、その愛において、このような三一性があると考える（第八巻、第九巻）。
このように、アウグスティヌスは、神と人間を愛という面で関係させる視点から、神の三位一体性を説明しようと試みている。

7 信仰と愛

『信仰・希望・愛』

アウグスティヌスは愛について、いろいろな著作や説教などの中で多く語り、また多く記しているが、愛を主題としている単一の作品はない。しかし、信仰との関係で愛について論じている本が一冊あり、それが『信仰・希望・愛』（四二一年）である。しかし残念なことに、本書は、その大部分において信仰を取り上げており、希望と愛については、最後にごく僅かしか述べていない。そこに記されている愛についてのアウグスティヌスの考えを簡単にとりあげておく。

アウグスティヌスによると、愛はすべての戒めの目的である。そして愛は信仰や希望よりも大きい。この愛は、それが人のなかにより多くあればあるほど、その人はより善である、と言われる。

次に、アウグスティヌスは、人間における信仰と愛の関係を重視する。それは、実際に、信仰をもっている、と言いながら、愛が欠ける場合があるからである。信仰とは神を愛することである。それでは神を愛するとはどういうことか。それは、人間を愛することである。アウグスティヌスは、聖書の教えに従い、人を愛さないものは神を知らないし、また、神に逆らう者である、と言い、さらに、愛なしには信仰は無益であり、尊いのは愛によって働く信仰である、と繰り返し主張する。つまり、愛とは、神への愛と隣人への愛であり、また人間の神に対する信仰を現実の面で意味あらしめるものである。

8　歴史における二つの愛
神の愛と自己愛

アウグスティヌスは、晩年に長い年月を要してまとめた重要な著作『神の国』（四一三〜四二六年）の第一四巻で二つの国を分かつ二つの原理について述べる。

「二つの国は二種類の愛に基づいている。地の国は自己愛に基づき、神の国は神への愛に基づいている。」

ここで、アウグスティヌスは、二つの国の基盤を、神への愛と自己愛に見ている。そしてこの二つの愛が、この二つの愛に基づく二つの国が、歴史のなかで、あるいは、一人の人間のなかで混じり合っていると見なす。これは興味深い見解と言えよう。

まず、歴史のなかに、歴史を動かす原理が内在している、という立場である。次に、歴史や人間を動かすものを、二つの愛である、と見なしている。これは人間の状態は、社会の問題は、また歴史は人間の心の在り方の問題だという意味にとってもよかろう。しかもそれは愛の問題だ、とアウグスティヌスは考えている。これは現代の有名な心理学者、たとえばフロイトやフロムなどが、人間、歴史、国家、社会、文化を動かすものを二つの愛だと見なし、それをネクロフィリア（死を愛する破壊的な愛）とビオフィリア（生を大切にする愛）と呼んでいることとほぼ同じ見解である、と受けとめてよかろう。

本来、人間は互いに愛しあい、助けあい、奉仕しあって、つまり神の愛と隣人愛と正しい自己愛をもって生きるように創造されたが、現実には争い、傷つけあい、支配し、殺しあう、つまり自分の欲望と衝動によって生きている。この二つの愛を個人の内面や生活の面でどうするか、という課題がある。さらに教会、社会、国家において、さらにまた歴史において、どうするか。これが人間の課題である。この問題を『神の国』では二つの愛の視点から歴史的に、また思想的に、つまり、古代においてすでに歴史哲学的に論じているので、注目に価する。

9　人間における愛

以上、さまざまな状境における、またはさまざまな主題との関連で、アウグスティヌスにおける愛の理解とその展開を辿ってきたが、最後に、彼は、体系的ではないが、人間にとり愛がどのようなものであるかを、いろいろな興味深い表現で述べているので、それをいくつか取りあげてみたい。

(1)　愛は精神の運動

人間における愛の場所は心であり（『自然と恩恵』第70章84）、愛は精神の運動である（『キリスト教の教え』第三巻10章16)。

(2)　愛は人間の重さ

「わたしの重さはわたしの愛です。わたしは愛によって動かされ、愛が動かすところへ運ばれます。」(『告白録』第一三巻第9章10)

(3)　愛するものの選別

「愛さない者は誰もいない。ただ問われているのは何を愛すべきかということである。それ故に、私があなたに勧告するのは、〈愛するな〉ということではなくて、〈愛すべきことを選別しなさい〉ということである。」(「説教」第34、2)

(4)　愛は魂を導く

「人間のなかの誤謬を愛さないで、人間を愛しなさい。」(『ヨハネの手紙一講解説教』7)

「愛はすべてそれ自身の力を持つもので、愛は愛する者の魂の中で空虚であることは出来ない。愛は必然的に魂を導く。」(『詩編注解』一二一、一)

(5)　愛は互いの心を一つにする

「愛する人と愛し返す人の心から、顔つき、言葉遣い、目つき、そのほか優しい思いの込められた無数のしぐさを通して、……わたしたちの心は、まるで新しい薪で焚き付けられたかのように、一緒に燃えあがり、多くの心が一つの心にされます。」(第四巻第8章13)

（6）　愛は魂の美

「神は常に美しい。……常に美しい方が先ずわたしたちを愛されたのです。……わたしたちはどのようにして美しくなるでしょうか。常に美しくある方を愛することによってです。愛があなたのなかで増大すればするほど、美もますます増大するのです。なぜなら、愛は魂の美であるからです。」（『ヨハネの手紙一講解説教』9）

（7）　愛は根

「わたしたちの根はわたしたちの愛であり、わたしたちの実はわたしたちの業である。あなたの業が愛から生まれ出ることは必要なことであり、その時こそあなたの根は生命の土地に根をはっているのである。」（『詩編注解』五一、一二）

「愛しなさい。そしてあなたの意志によるところのことを行いなさい。……愛によって黙し、愛によって叫び、愛をもって矯正し、愛から節約しなさい。それらの根を愛の内に植えなさい。そのような愛の根からは善以外のものは生まれ出ることは出来ない。」（『ヨハネの手紙一講解説教』7、8）

（8）　愛は花

「愛の掟は力強さであり、花であり、果実であり、美しさであり、魅力であり、食料であり、酪酊であり、飲食であり、抱擁であり、倦怠のないものであります。」（『ヨハネの手紙一講解説教』

10）

（9）　神の愛は永遠

「神の愛にかたく立ちなさい。そうすれば神が永遠に存在するように、あなたも永遠の中に存在するであろう。それというのも、神の愛が永遠であるように、神の愛に与る者も永遠の中に留まるからである。」（『ヨハネによる福音書講解説教』第二、14）

（10）　愛を全世界へ

神を愛する愛は、決して自分のうちに閉ざされたものではなく、外へ広がっていくものである。「もしあなたがキリストを愛することを望むなら、愛を全世界へと広めなさい。」（「説教」第一〇、八）

二―五　おわりに――愛に生きよ

愛の思想とハンナ＝アーレント

人間にとり大切なものは何か、アウグスティヌスは問い続けた。人間を生かすもの、支えるもの、また、人間に存在感と重みと動き、意味や豊かさを与えるものは何か。人間を養い、育てるものは何か。人間は何を目指すべきか。人間を幸せにするものは何か。それは愛である、とアウグスティヌスは言う。

彼は、実際、今まで見てきたように、愛の探究者、学習者、体験者、経験者、認識者、実践者、思想家であった。彼は、神の愛と人間の愛を深く関係づけたし、また、隣人愛と自己愛を結びつけ、その大切さを説いた。

歴史のなかでこのようなアウグスティヌスの愛の思想に惹かれたひとがいる。たとえば、パスカルであるが、今、ここでは現代における一人の例を挙げると、それはユダヤ人のハンナ＝アーレントである。

彼女は一九二〇年代、ユダヤ人として苦悩していた。また一八歳でマールブルク大学の学生の時、そこの有名な哲学教授M．ハイデッガーとの恋に陥り、そして一年後にはその恋に破れる経験をした。そこで、彼女にとり、自己と愛が体験的にも問題になった。そこで愛とは何か、自己とは何か、隣人とは誰か、そして自己と隣人と世界に対して自分は精神的にどのように関わったらいいのか、自己の魂をどう位置づけたらいいのか、と真剣に問い続けた。

アーレントはその解答を探るためにアウグスティヌスの著作を読む。そしてアウグスティヌスの愛の思想のなかにこれらの問いへの答えを見出せると思い、研究に取り組んだ。

自分はどう生きたらいいのか、隣人と世界との関係はどうあったらいいのか。彼女はアウグスティヌスを手がかりに、このような問題について真剣に思索し、取り組んだ。そしてそれが、神の愛、隣人愛、自己愛、社会愛の問題であることを確認する。そして二三歳の時、博士論文『アウグスティヌスの愛の概念』（一九二九年）をまとめ、ハイデルベルク大学で、K．ヤスパース教授の指導のもとで書き、提出した。これは本として出され、日本でも翻訳され公刊されている。

ハンナ＝アーレント

「神の愛のうちに」

ここで今一度、アウグスティヌスを取り巻いていた当時の世界に目を向けてみよう。西ローマ帝国の弱体化にともない、民族移動の嵐はますます激しくなった。フランス、スペインを襲ったヴァンダル族はジブラルタル海峡を渡り、四二九年、北アフリカに侵入した。彼らは至るところで暴挙をほしいままにし、その残念さの前に人も町も戦慄した。彼らが行くところで強奪、暴行、殺傷、放火が繰り返された。教会も破壊され、大きな損害を被った。若い信徒は、強姦され、耐え難い屈辱を受けるよりは、自らの生命を絶つほうがいいのではないかとの思いにかられた。教会は厳しい試練にさらされた。

　このような状況のなかで、チアバの司教ホノラトゥスはアウグスティヌスに手紙で、この危機の時に教会の教師は何をなすべきか、虚しく殺されるより、信徒と教会のために逃避するべきではないか、と問いただしてきた。

　アウグスティヌスはすぐさま次のような返事を書いて送った。

「……教会の教師はいかなる時も神の民を見捨てたり、教会を放置すべきではありません。困難と危機が迫っているさいに、教師は人々と共にあらゆる苦

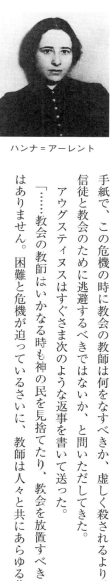

ヒッポの町で息をひきとるアウグスティヌス

しみを担い、生命を賭して働くべきです。それなしにはキリスト者であることも、キリスト者として生きる意味もありません。たとえ、人々のために殉教することがあっても、愛に生き、愛に死ぬべきです。あなたは、われわれの眼前で男が殺され、女は凌辱され、教会が焼かれ、剥奪が行われている。剣や拷問によって殺されるよりは、逃げた方がいい、と考える。そのとき、あなたは恐れている禍よりももっと怖しい禍、つまり禍を怖れる恐れに陥っているのです。何故、神の哀れみによって、恐れに対して勇敢に戦おうとしないのですか。愛の故に死ぬよりも、愛なしに生きることのほうがはるかに恐ろしいのです。魂と信仰の清さを失うことを、肉体に危害や辱めを受けることにもまして恐れましょう。真の純潔は心に保たれるもので、暴力によっては犯されません。建物が焼き払われるよりも、聖霊の宮が滅びることをもっと恐れましょう。時間的な死ではなく、永遠の死の恐怖を思いましょう。一人でも人間のいる限りその場所に留まり、教師としての務めを果たして下さい。最後の一人になるまで、愛をもって仕え、愛に生きて下さい。どんな危険のなかにあっても、憐れみ深い神が愛と力を与えてくださるように、祈りましょう。……」

ここには、限界状況における人間の在り方、考え方、生き方について、特に人間の愛についてアウグスティヌスの本音が露出されており、また彼が実践した愛が語られており、読む者の心を打つ。

この後まもなく、アウグスティヌスは死んだ。この困難な状境で彼は最後まで人に愛を勧め、自ら愛に生き、そして神の愛のうちに生涯を閉じた。そして彼の愛の体験とそこから生まれた愛の思想は、今でもわれわれに伝えられ、大きな意味を持っている。アウグスティヌスは確かに、愛の人であった。

三　アウグスティヌスの歴史観

はじめに

人間と歴史　アウグスティヌスは、存在している、生きている、考える、の三つを人間に最も基本的なものと見なす。肉体を持ち存在している人間は、場所に限定されている。生きているゆえに、時間的制約下にある。しかし、人間は考えることによって、つまり精神によって空間と時間的な限定を超えることができる。

ところで、人間は、突然、今、此処で存在し、生存し、思惟しはじめたのではなく、過去においても何処かで同様であったし、また今後も同じ状態をしばらくは保持するかもしれない。つまり、人間の存在は現在だけではなく、過去もあり、また未来もありうる。この意味で現在の自分を捉えるためには、過去の外的、内的状況について探る必要があり、さらに、現在どのように生きるかを考えるためには、今後進むべき未来について考慮する視点を持つことが大切となる。この意味で人間は歴史的存在であり、したがって人間は歴史的思索を必要とする、と言えよう。このような人間理解のなかに、アウグスティヌスの歴史意識がある。彼によると、歴史の問題は人間にとり自己理解の問題と深く関わっている。では、このような立場から、どのような歴史観を展開しているのであろうか。

以下アウグスティヌスの歴史に関する思索を、この主題を扱っている著作を幾つか年代順に取り上げながら、簡単に紹介していく。

時代区分の問題『教えの手ほどき』

『教えの手ほどき』（三九九年）は、教会に新しく来はじめたひとにキリスト教の基本を解説するという目的から書かれたものである。この中に歴史に関する叙述があるので、それを取り上げる。

まず興味を惹くのは、本書の中に、ギリシア・ローマの歴史理解とは異なるキリスト教のそれがあること、また、初期のアウグスティヌスの歴史観がうかがわれる点である。

アウグスティヌスは世界の歴史を記述するさいに、教会の伝統に従い、聖書の人物や出来事をもとにして、特にイエス＝キリストを中心にして時代区分を行っている。そしてそのさい、本書には二つの特色がある。第一に、聖書の歴史を一般の歴史と関わらせている点。第二は、人類の歴史を、国王やある特定の民族の治世年代を中心とする、いわゆる元号によって捉え、区分するのではなく、イエス＝キリストの誕生を中心にして見る、という立場である（ちなみにこの区分法は現代まで残っている）。これは、あらゆる民族、国家、人間を相対化しようとする歴史意識の現れとも言えるし、キリスト教中心の歴史観とも言える。とにかく、歴史では、時代をどのように区分するかは、大変

「聖アウグスティヌス」（ルーベンス画）

重要な問題で、そこに歴史観が現れる。この意味で、初期のキリスト者は、自分達の歴史観をつくろうとしていたわけである。

ところで、今あげた、第一の特色である、聖書の内容と一般の歴史を関連させて論ずる方法は、人間の歴史を神と結びつけて捉えようとする態度をさす。これには、アウグスティヌスはやがて気づいて批判するように、問題もある。この点については後で触れる。とにかくここには、歴史を考えるうえで、キリスト教の独自性を示す面もある。第一に、人間の歴史が人間を超えた神、しかし同時に、神の子イエス＝キリストが人間になり歴史の中に入り、そして働きかけている、つまり神と関わりつつ進行している、という歴史観。そしてそれは、神が人類を救うために歴史を導いている、という考えかたであるから、そしてそのさい救いを重視するゆえに、一般に救済史観と呼ばれている。そこで、一方では、地上の一般の歴史のなかでは、神から離れた人間が、罪のために、悲惨さと虚無におびやかされている、という認識があり、他方では、歴史を導いている力を持つ神が歴史の中で人間を救いに導くために働いている、という歴史解釈に基づいている。第二に、歴史が神に導かれているという立場は、歴史は自然なものでも、循環するものでもなく、発展している、という見解と結びつく。第三に、ここには、神が人間を創造した時から歴史が始まり、そして、最後に神による人類の審判がある、という歴史把握も生じてくる。つまり、ここには、歴史の起源と目標を問題とする古代キリスト教の歴史観が示されている、と言えよう。そしてこの歴史観は、ギリシア・ローマの歴史観と大いに異なったものである。

たとえば、歴史記述にさいし、ギリシアでは、ヘロドトスも、トゥキディデスも歴史における変化を越えて働く普遍の原理を求めたが、結局循環の法則を主張する。ローマのポリビオスも同じ傾向をもつ。混沌を嫌った彼らは、歴史の背後に、たとえば、原因結果からなる法則による調和があると考えた。なお、ギリシア・ローマの歴史観のもう一つの特色は、自分の属する民族、国家の歴史を中心にしている点である。そのため、他の民族の歴史を平等に見ない、つまり普遍史の立場がない。この点では、ユダヤ人も同じである。ユダヤ人は、古代では、歴史意識の高い民族であるが、それでも、選民思想をもつゆえ、自分の民族を中心にした歴史観になっている。

これに比べると、アウグスティヌスが受け継いだキリスト教の歴史観には新しい面がある。そして特に次の四点を指摘できる。

（1）　神は万人の神である。神の前では、すべての人間は平等である。そこでこの立場に立つと、すべての民族は相対化され、したがって普遍史が可能になる。

（2）人間は自由に意志し、自由に行動するが、しかし、罪があるため弱く、たとえば、意図する善を完全に実行できない。それに、欲しない悪いことも行う。つまり、人間の行為における意図と結果には食い違いがある。したがって歴史における出来事も、すべて因果関係の法則で、合理的に説明できない。

（3）歴史において神が人間を救いに導くために、働いている、あるいは、歴史を神の救いとの関係で見る、という救済史観をキリスト教は重視する。これは、人間の歴史は、人間の意志を越えたところに、その究極的な意味を求めなければならない、という考え方をさす。

（4）神が世界と人間を創造した。また神は最後の審判を下す。つまり、歴史には、起源があり、また終わりがある、という歴史観。つまり、歴史は、ギリシア人が考えたように、循環するのではなくて、繰り返しのきかない一回限りで、直線的で、終末に向かって進んでいる。

以上あげた歴史観は、新しい面をもっているが、しかしこれは古代キリスト教徒が一般に抱いていたものであった。そしてアウグスティヌス自身も、初期には、このような歴史理解を受け継ぎ、それを述べていた。しかし、彼はまもなく、それに疑問を抱くようになる。

たとえば、歴史の起源は神にある、と考え、また、その神は歴史を導いている、つまり、歴史を導くものは、歴史を超えたところにある、と信じるのはいい。しかし、これは、一元論であるため、神が創り、導いている歴史に、何故悪があるのかが説明しにくくなる。また、現実の歴史をこの立場からどう説明するのか。そこで、歴史のなかにある悪の問題について、その原因について分からなくなり悩む。あるいは、歴史のなかで神が働き、人間を救いに導いている、という救済史観で、一般の歴史を見ていいのか、という疑問。救済史と世俗の歴史の関係をどう理解したらいいのか、と考えこむようになる。そしてアウグスティヌスは悩み苦労したあげく、独自の歴史観を生み出していくようになった。

出来事の選択、解釈、意味の問題――『告白録』――

『告白録』（四〇〇年）は、アウグスティヌスが自らの前半生を記載した文学性に富む自伝としてよく知られており、そこに告白されている内容は興味深いものであるが、しかし今ここでは、特にその執筆態度に注目してみたい。

本書でアウグスティヌスは、まず、自分が過去において何をしたか、どうであったかを明らかに記す。次に、外的出来事と自分の内面との関係を探り、心理分析的な記述を試みる。そして最後に、自分の外的・内的歩みを、神という人間を超えた存在との関連で見つめ、自らの人生におけるさまざまな出来事の、ひいては自分の生涯の意味を問う。

実は、アウグスティヌスがこのような三つの視点から自己描写をする方法には、彼の歴史意識ないしは歴史観が反映されている、と言える。ここには、まず、自分の過去を探り、そこで明らかになったことを記述する、という態度がある。これは歴史、ヒストリアの意味するものと同じで、歴史の基本である。自分が何者かを知るには、自分の過去を探ることが大切である。過去から現在にいたる歩みを検討してみる、そのとき、現在の自分が分かるようになる。つまり、過去を問題にする一つの意味は、現在の自分をよりよく知るためである。H．カーが『歴史とは何か』のなかで強調しているように、歴史とは、過去と対話することであり、過去と対話するのは、単に現在における自分の状況をよりよく認識するためだけではなく、将来への見通しを得るためでもある、という指摘は大切である。

さて、アウグスティヌスの場合、過去の外的出来事の記録をするさいに、それと自分の内面との関係にも注目し、事実の認識の仕方を問題にしている。これによる歴史は、人間の内面を見つめる自我の形成史、精神史と見なされる。そしてこの態度は同時に、自分の生に影響を及ぼし、また意味をもつ出来事を選び記述する、という歴史の基本の一つをも示すことになる。この点がきわめて重要である。つまり、歴史は、単なる過去の事実ではない。過去の出来事を多く並べても、歴史にはならない。しかも、誰にでも明らかな客観的な事実の羅列《られつ》ではない。たとえば、これは、一つの同じ事件を扱った各種の報道を見れば、わかる。同じ事件なのに、それに関する記述も報道も多様で大いに異なる。

つまり過去の出来事をたくさん並べても、それだけでは歴史にはならない。多くの事実について、その選択と解釈が必要なのである。では、何を選ぶか、何が大切か、どんな解釈をするのか。それはその時の人間にとり、あるいは時代にとり、影響を与えたり、意味をもたらしたものを選び、その意義を明らかにするように努めることが大切で、それにより過去の出来事をまとめた歴史になる。

アウグスティヌスはこのような態度で、自伝を書いている。自分の半生のなかで、何が自分に影響を与えたのか、何により自分の人生が変わったのか、出来事であれ、本であれ、人物であれ、思想であれ、宗教であれ、どの出会いが自分にとり、意味をもったのかを克明に描いていく。このような歴史的な態度から本書は書かれている。

さらに、自分の外的内的歴史を神との関係で記述する試みは、歴史をある一定の視点からみて、批判し、検討し、解釈していく、という態度を表している。そして、このように、何か視点がなければ、歴史を描くことはできない。この意味で、アウグスティヌスの自伝『告白録』は彼の生涯だけでなくて、その歴史観を知る上でも、貴重な作品であると同時に、歴史の基本を教えてくれるという意味でも興味深い作品である、と言えよう。

ローマ帝国の危機と『神の国』

次に、アウグスティヌスの歴史観を語るのに欠かすことの出来ないのは、彼が晩年にまとめた『神の国』（四一三〜四二六年）である。本書は当時の時代状況の中で生じた課題と取り組む過程で、長い年月にわたり書かれた大著である。内容は歴史に関する神学的、哲学的思索に満ちており、貴重な作品である。

その内容である歴史思想を探る前に、すでに触れているが、ここで改めて本書成立の事情を改めて簡単に取り上げておく必要がある。

ローマをたびたび脅かしていた西ゴート族は、四一〇年八月、アラリクス王にひきいられてローマ市に侵入し、三日におよぶ略奪を行った。ローマ陥落のニュースは人々を震憾させた。強大な帝国の首都が破局を迎えたのである。永遠の都と言われたローマの陥落、不滅を信じられていたローマ帝国にせまる危機。人々はおののき、震える。この時、異教徒たちの間から、ローマの災難をキリスト教に帰そうとする動きが起こった。彼らは、古来の伝統的な神々を捨て、キリスト教を国教にして、その神を崇拝したのが災禍の原因であると主張した。国教の地位に安住していた教会は対応に窮する。「ローマについては沈黙せよ」がキリスト教徒の間での合い言葉になった。多くの避難民が渡ってきた北アフリカでも騒ぎが大きくなった。ヒッポの町で司教として働いていたアウグスティヌスは、他のキリスト者が黙しているこの問題について、何か発言するよう友人たちから懇願された。

このような国家の危機的状況で、アウグスティヌスは歴史について思索する。簡単に片づく問題ではない。彼は忙しさのなかで、探究し、思索する。そして、ただローマ帝国の歴史のみではなく、人類の歴史を問題とするようになる。また聖書の救済史と一般の歴史の関係の問題についても、改めて検討して、大著『神の国』を書き上げた。

本書の序論で、彼は書いている。「これは大きな困難な仕事、しかし、神が助けてくれる。」古代の百科全書とも呼ばれるこの本を、それよりも、最初のキリスト教歴史哲学の書、と言われ、ヨーロッパ文化に大きな影響を与えたこの重要な作品を、今ここでは歴史理解に関する点のみを、二つだけ選び、紹介する。

まずローマ帝国の歴史に関するアウグスティヌスの理解。

アウグスティヌス以前に、ローマ帝国の歴史に関しては、キリスト教徒のなかに、大きな二つの解釈の流れがあった。一つは、ローマ帝国の歴史を神の摂理との関係で解釈し、それに聖なるもので、その歴史上における特別な意義を認める立場で、もう一つは、まったく逆に、ローマ帝国を反キリスト的、悪魔的である、とみなし、キリスト教会に対立するものと考える立場である。

アウグスティヌスは、初期には、無反省に第一の立場をとっていた。しかし、四一〇年の出来事以来、歴史について熟考しはじめ、これを批判するようになる。何故か。

アウグスティヌスは、首都ローマの出来事を契機にして、自分の過去を真剣に検討しはじめた。外的な状況だけでなく、自らの内的知的世界が揺り動かされる経験をした。その過程で、アウグスティヌスは、今まで当然と考えてきたことに対して、また、彼の同時代の人々の間では一般的であると考えられていたことに対して、疑問を抱くようになる。そして自らたゆまない内的対話を持続しつつ、また、聖書と歴史をじっくり学びながら、ローマ帝国の歴史についての見解をまとめていく。それに彼は長い年月を要した。苦しい、泥沼的な思索の連続であった。そして、自分なりの思索をまとめ、発表していった。これが『神の国』の後半部分である。

結論だけを述べると、アウグスティヌスは、ローマ帝国の歴史に対して、従来の二つのいずれの立場もとらず、むしろこの両者を否定した。国家は、神の摂理の道具でもなければ、悪魔的なものでもない。神学的には、まったく中立である。ローマ帝国は、悪魔的なものとして拒絶さるべきではなく、また聖なるものとして、賞賛さるべきでもない、とアウグスティヌスは考えた。

これは、歴史の世俗化を意味する。この考えにより、アウグスティヌスは、かつて自らも行った、聖書の歴史を、または救済史を一般の歴史に導入して、それに関わらせることを批判し、拒否するようになる。教会の歴史は聖ではないし、また一般の歴史は俗ではない。アウグスティヌスは、歴史を聖と俗、また、救済史と一般の世界史に分けることに反対する。そして彼は、聖なる歴史、または、救済史を聖書の中に限定した。

歴史を動かす原理と現実の歴史

次に、『神の国』の中にあるアウグスティヌスの歴史思想で大切なものを二つ取り上げてみたい。一つは歴史を動かしている原理の問題、もう一つは歴史の現実の状態である。

まず、歴史の原理について。

アウグスティヌスは、本書の第二部（第一一巻〜第二二巻）で、歴史は神の国と地の国との対立、抗争の場である、というよく知られた、それゆえすでに言及した考えを述べている。そして、この二つの国の起源、発展過程、終結を取り上げ、現実の歴史とからませながら論じていく。

ここにわれわれは、アウグスティヌスの歴史思想の一つの基本をみる。それは、歴史には、歴史を動かしている原理がある、という考え。そして、その原理は、何か歴史を超えたものではなくて、歴史の中にあると言う。

そこで、この歴史を動かしている二つの原理、神の国と地の国とは何かというと、アウグスティヌスは次のように説明している。

まず、ここでいう「国」（civitas）とは、ギリシアのポリスに近いもので、市民共同体をさす。人間は社会的存在で、家族、社会、国家などの集団を形成する。問題はこのような人間の共同体がいかなる原理によって支配されているかである。本来は、愛と正義、相互の扶助と奉仕、平和と秩序によるべきである。ところが、現実の歴史はその反対の状況を示す場合が多い。何故か。ここでアウグスティヌスは二つの国を分かつ二つの原理について述べる。

「二つの国は二種類の愛に基づいている。地の国は自己愛に基づき、神の国は神への愛に基づいている。……」（第一四巻第28章）

アウグスティヌスは歴史を動かしているが、ここで大切なのは、この原理が、理論、あるいは制度、構造ではない、ということ。しかも、その原理を人間に関わらせている、という点。つまり、アウグスティヌスは、人間の二種類の愛が歴史を動かす原理だと述べる。それは、どういうことか。

自己愛は人間の存在と平和を脅かすすべてのもの、政治的、経済的、軍事的、思想的、宗教的弾圧、支配など、自己のための欲望追求と権力拡大をはかろうとする。これに対し、人間の存在を尊び、その平和を重んじる生き方が神への愛によって表されている。自己愛にもとづく地の国は、支配者たちが自らを神格化したり、他者を権力により支配しようとする。そこでは弾圧、不義、戦争、略奪が行われる。これを防ぎ、これと戦うのが神への愛にもとづく神の国の立場である。歴史の中には、あるいは人間のなかには、いつもこの二つの愛の状態があり、この二つの国の立場の抗争が見られると、アウグスティヌスは説く。

なおここには、ギリシア的な国家観、ないしは、歴史観に対する批判がこめられている。ギリシアでは、ポリスである都市国家が人間を育て、導き、完成させる過程が歴史であった。アウグスティヌスは、国家や歴史に教育的な意味や、救済的な意味を持たせない。そして、ポリスにあたるラテン語のキヴィタスを用いて、歴史を二つのキヴィタスの抗争の場とみなす。

次に、第二番目の歴史の現実に関するアウグスティヌスの見解を取り上げる。

先に述べたように、アウグスティヌスは歴史の世俗化を行った。国家も、教会も、聖なるものではない。では歴史はどのようなものか。アウグスティヌスは、人間のおかれている現実の歴史的現実をサエクルムと呼ぶ。

サエクルムはラテン語で、日本語に訳しにくい。歴史の現在における人間と世界とそこにあるすべての制度などをさすもので、普通は、「世」「時代」、あるいは「世界」「世代」などの訳語を当てる。アウグスティヌスによると、神は世界を創り、人間をそこに住まわせた。つまり、神は時間と空間をつくり、そこに人間を置かれた。これは、人間が歴史のなかで生きていくことを意味する。この人間の生きている歴史的な世界が、サエクルム、この世、この時代である。

この言葉には、神の国との関連で、神学的な意味が込められている。アウグスティヌスの『神の国』によれば、今説明したように、この地上では、また人類の歴史では、神の国と地の国が、人間における二つの愛が入り交じりながら、終末に向かっている。この二つの国が絡まり合っている現実の世界、またそこでの時間的な生が、サエクルムである。つまり、アウグスティヌスは、歴史を聖と俗に分けずに、また、終末までは二つの国は区別できないし、人間が勝手に区別したらいけない、という立場である。これは、アウグスティヌスが二つの国が共に関与している歴史上のさまざまな出来事の領域をさすサエクルムを、人間の歴史的現実として重視していることを意味する。そして、サエクルムを重視するとは、人間が、今生きているこの世界、この時代と深く関わりながら生きていくことを意味する。ここから、アウグスティヌスのサエクルムの神学が生まれてきた。つまり、自らの生きている世界と関わりながら、その時代の問題について思索する、そして、たとえば、社会、教会、国家、などについての思想を構築していった。

なおアウグスティヌスは、本書の第一部（第一巻〜第一〇巻）において、異教徒のキリスト教批判に対する反論で、ローマの歴史は神とか運命という視点からではなく、ローマ人自身の歴史の現実の問題として受けとめるべきだと指摘する。そして、いつの時代にも幸や禍があったことを挙げ、道徳的退廃、物質的繁栄を重んじ精神面を軽視する態度、労働より搾取と贅沢を好む生活、権力拡大のための戦争、度を越した遊びと宗教的祭儀などが、勇敢で有徳なローマ人を堕落させ、したがってまたローマの歴史を危機に陥れたと、多くの例を挙げながら説く。そして、ローマ人の国家観、宗教観、歴史観などが批判される。

実際、現実の人類の歴史は、人間のもつ、自己愛のゆえに、支配欲、所有欲があり、みな自己の利益を優先させようとするため、人間同士、争いが絶えない。また、歴史において、人間の社会には不義、不平等、差別などが起こる。そこで人間は、歴史のなかで、国を作った。そして国により、その構成員である人間を配慮し、保護し、そしてその幸福と利益を守り、人間社会全体の調和、平和、秩序を守ろうとした。この意味で、国家は、人間の歴史においても大切である。国の在り方により、人間の歴史は大きく影響されるからである。そしてローマの歴史はそれを示しており、したがってそれはキリスト教の神の問題ではない。

アウグスティヌスは問う。歴史の中で、平等と公平な配分を保証する正義を失っていない国家があるだろうか。不正な裁判、土地をめぐる争い、権力の争奪、弱肉強食の経済競争、地位と名誉を求めての駆け引き、親子、男女間の憎しみ合いは後を絶たないし、王や支配者で、略奪、残忍、策略、欺瞞によらずにその政権を得たものがいるだろうか。暴力や偽善、利己心や支配欲なしに成就した革命があるだろうか。口では平和を叫んでも、軍備を放棄し、戦争を欲しない国があるだろうか。この状態から、自己愛が歴史を動かしている原理であることは、明白と言えよう。

ところで注意を要するのは、アウグスティヌスが歴史を動かす原理として、自己愛に基づく地の国と神の愛に基づく神の国の二つを挙げる場合、それは、あくまでも神学的な区別を意味する原理であって、現実の歴史における社会学的な区別ではない、という点である。そしてアウグスティヌスは、現実の歴史の状況を考える場合には、この二つの国、この二つの原理が区別しがたく入り交じりあっていることを重視し、そしてその状態をサエクルムと呼んでいる点である。

おわりに
歴史の目標としての平和

アウグスティヌスは、歴史のなかで、歴史を動かす二つの原理、地の国と神の国が争っている、と見なすが、しかし、この二つの国は対立しているだけでなく、共通した面をもっていると指摘する。

それは何か。それは平和である。アウグスティヌスは、『神の国』の第二部で、つまり、第一一巻以降で、特に第一四巻から、二つの国の起源、過程について対立するものとして論じている。しかし、第一九巻になると、この二つが歴史のなかで共通して求める目標としての平和を問題にする。そして、たとえ困難でも、永遠の神の国の平和を目指し、人間の存在を脅かす力に立ち向かい、努力し続けることを勧め、そこに歴史の意味と人類の目標をみる。

ここで最後に、アウグスティヌスの歴史観とその現代的な意義を示している例として、一つの具体的な出来事を挙げておきたい。

現在世界で起こっているさまざまな紛争のなかで、キリスト教とイスラムの対立が問題になる場合がある。そこで国際連合では「二〇〇一年　諸文明間対話の年」を設けて、両宗教間の対話を推進しようとした。そして二〇〇一年四月、古代末期、アウグスティヌスが四〇年間生き、活動した北アフリカのアルジェ（現アルジェリア民主人民共和国）で、アウグスティヌスの歴史観と平和思想に関する国際シンポジウムを一週間にわたり開いた。この会には全世界から、キリスト教とイスラムから学者各一四名の代表が選ばれて参加して発題講演と対話が行われた。私もアジアからただ一人招かれて講演したが、大変興味深い有意義な会議であった。そしてアウグスティヌスの歴史観と平和思想が現在の世界にとって、特に異なる立場にある人々が対話し、そして共に平和を求め実現していくために、大きな意味を持っていることを、改めて実感した。

III　アウグスティヌスの主要著作

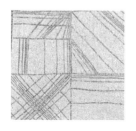

一　アウグスティヌスの著作の特色

アウグスティヌスの執筆活動　アウグスティヌスはすでに見たように、激動の古代末という時代において、神のため、人のため、教会のため、社会のためにいつも奉仕と活動に取り組み続けていたが、その生涯において絶え間なく著作に励んでいる。その熱意と努力と才能には驚かされる。

すでに生涯をたどったおりに見たように、アウグスティヌスは三八〇年、二六歳の時、ミラノで最初の著作『美と適合』（紛失）を公にして以来、特に三八六年、キリスト教へ回心してから、いろいろな主題についての執筆活動を始めた。その後、ローマに滞在したわずかな期間にも対話や著作に励み、そして北アフリカの故郷タガステに帰った三八八年には直ぐに修道院を設立し、若者たちの教育に従事した。そして三九一年以降はヒッポ教会の教師として教会と地域社会の仕事に関わり、また北アフリカの教会指導者の一人としても広い範囲で活躍したので、超多忙であった。その状況で、七六歳でその生涯を閉じる四三〇年までの間に、さまざまなきっかけから執筆し、公にした作品の数は、全部で一一五冊に達する。これ以外に説教が約四千（四分の一程残存）と手紙（約三百通）が残っている（現在でもなお、ヨーロッパの修道院などで、手紙や説教が発見されることがある）。なお手紙のなかには、一つの論文に匹敵するような内容のものが十点以上ある。それに紛失し、残存していない作品も多く、一六点ある、と伝えられている。

アウグスティヌスはその死の三年前（四二七年）、それまでに著した自分の作品を年代順に並べて、批判的な検討をした『再考録』という本をまとめ、この中で九三冊（全二三二巻）を個別に取り上げている。またアウグスティヌスの弟子の一人が、師の死後すぐにその伝記を書いて公にしているが、この中にもアウグスティヌスの著作のリストがある。それは誰が編纂したのか不明であるが、そこには全著作だけでなくて、説教と手紙類もすべて含まれている。したがって彼の著作は早い時期からよく知られていた。なおその伝記の中でポシディウスは「アウグスティヌスはその著作のなかで生き続けている」と述べている。

アウグスティヌスの著作と主題

とにかくアウグスティヌスが書き残した文書は多く、時代は古代であるが、それらが幸いよく集められ、しかもその優れた活躍のゆえに、その存命中からすでに有名であったため、それらはよく保存されている。それにこれらの作品は古代と中世だけではなく、後で見るように、ルネッサンス時代と宗教改革期に、さらにそれ以後の近代から現代に至るまで重視されたので、しばしば編纂され、出版され、そしてよく読まれていた。なお各国では主要な作品が何点も翻訳され、流布している。そこで幸いわれわれは彼の全著作を容易に手にすることができる。日本では、一九〇七（明治四一）年に最初の翻訳書が出され、それ以後多くの作品が日本語で読めるようになった。現在では、三〇巻からなる『アウグスティヌス著作集』（教文館、一九七九年～）があり、主要作品五〇点が収録されており（このなかで『ヨハネによる福音書講解説教』は全三巻、『神の国』は全五巻、『詩編注解』は全六巻を占めている）、日本語で簡単に入手して親しむことができる。

主要作品の紹介に入る前に、アウグスティヌスの執筆ないしは著作の特色について、少しだけ触れておきたい。アウグスティヌスは自ら関心のある主題について、あるいは教会での働きとの関連で、また若者の教育上の必要から執筆しているが、それと同時に、友人や知人から要請ないしは懇願されて書く場合もあった。なかでも一番多いのは、教会や社会や時代などの現実の状況や問題から必要と思われる事柄や課題について取り組んだ結果であった。

ここで主題別にまとめてみると、たとえば次のようになる。

自伝的作品　二
哲学的作品　九
対異教的作品　二
自由学芸に関する作品　二

信仰論的作品　八
聖書に関する著作　一八
宗教哲学的・教理的作品　六
牧会的作品　一九

なお彼は、自らに、または他者にとって重要だと思われた問題に関しては、長い年月をかけてじっくり取り組み続けながら、あるいは問題のある相手とは根気よく論争しながらも、反駁論を何冊もの本にまとめて出している。たとえば、マニ教と二〇年（一五冊）、ドナティスト派と二〇余年（二一冊）、ペラギウス派とも約二〇年間論争した（一三冊）。それと神学的問題に関する考察や聖書の解釈とそこからの説教においても、長年にわたるものがある。たとえば、『創世記逐語注解』と『三位一体』にはそれぞれ二〇年近く、それに聖書の一つの文書を取り上げ、説教を続ける場合には当然長い年月を要するが、そのなかでもとくに『詩編注解』には三九二年から四二〇年までの二九年を費やしている。時代の困難な問題を扱った『神の国』には、多忙ななか、少しずつ熱心に取り組み続けた。つまり、アウグスティヌスは一三年間という長い年月を注ぎ込み、『神の国』全二二巻を、しかも内容の素晴らしい作品を完成させている。なおこのような長期に渡る熱心な執筆態度にもかかわらず、未完成に終わったものも幾つかある。

アウグスティヌスの作品は単に聖書や神学についてだけではなく、人間や社会に関する多くの一般的にも重要な主題を扱っており、しかもいずれもその内容がいいので、すでに述べたように、古代の当時だけではなく、西洋中世においても評価され、それ故多くの写本が作られてよく保存された。一六世紀になるとそれらの写本をもとに全集が三種類も編纂され、出版されている（最初の全集の出版は一五〇六年にバーゼルで）。とにかくいつの時代にも注目され、そして実際、現代に至るまで長く広く世界中で読み継がれている貴重な著作が多い。

二　主要な著作の紹介

真理を求めて――神と魂を知るために　後に掲載しているアウグスティヌスの年表を見れば分かるように、たとえば、ヒッポの街や教会での仕事に追われる多忙な身でありながら、教会会議や説教などでカルタゴやその他の地方にも頻繁に出かけて行っている。それにさまざまな相手との論争にも絶え間なく関係している。このような状況のなかで、殆ど毎年のように著作に取り組み、公にしている。しかも内容のしっかりしたいい本を書いている。その努力と集中力は実に驚くべきである。

ただ今、ここでは、一〇〇冊以上あるアウグスティヌスの作品のなかから主要なものを少し選び、それについて、簡単に紹介しておく。

1　『美と適合』（三八〇年）

紛失されたが、他の著作のなかで本書に言及して、次のように述べている。

「われわれは美しいもののみを愛するのではなかろうか。では、美しいものとは何か。また美とは何か。われわれを惹きつけ、われわれが愛するものにわれわれを結びつけるものは何か。もしそれらのうちに、適合の美と形相の美がないなら、われわれを惹きつけないであろう。そこで私は、形体的な物体の、その全体に適合するという仕方で美しいものと、何かにうまく合致するが故に、たとえば身体の一部が全体に適合し、靴が足にぴったり合うような仕方で美しいものがある、ということについて深く考え、気づくようになった。……そこで『美と適合』について本を書いた。二巻か三巻であった。」（『告白録』第四巻第13章20）

2　『至福の生』一巻（三八六年）

本書はギリシア哲学以来の重要な主題、幸福をめぐって、アウグスティヌスが弟子と家族（母、息子）たち八名と三日間にわたって行った討論をまとめたものである。その出発点は、ギリシアやヘレニズム哲学と同様、幸福主義、つまり、幸福を倫理目標とし、真理を認識することのなかに見ようとしている。ただここでは、それにキリスト教的な要素、つまり、幸福な生活は神が人間に与えるもの、という考えが出ており、そこに独自性があると言える。

3　『ソリロキア（独白）』二巻（三八六〜三八七年）

『再考録』（第一巻4章）によると、「……私が特に知りたい事柄に関し、理性による真理の検討という願望に従い、二巻からなる本を書いた。実際は私独りであるが、あたかも理性と私という二人の人物がいるかのように、私が私に質問し、私が私に答える、という形式でこの本を書いた」とあるように、本書はアウグスティヌスの「独白」（ソリロキア）である。第一巻で理性に「君は何を知りたいのか」と問われ、「私は神と魂を知りたい」と答えている。つまり、アウグスティヌスは、神を知るのは感覚ではなくて、魂である、と考えているのである。この点に本書の特色がある。

4　『音楽論』六巻（三八六～三八九年）

ミラノで書きはじめ、アフリカの郷里タガステで完成させた、教師と生徒の問答形式をとった本。修辞学の教師をしていたアウグスティヌスは、古代の自由学芸にもよく通じており、この分野での本を書く意図を抱いていたが、完成したのは、本著と弁証論だけであった。第一巻でアウグスティヌスは音楽の定義を提示している。「音楽は音をよく調整する学問である。」第二巻から第五巻は韻律論で、さまざまなリズムについて、詳しく論じている。第六巻では、音楽について神学的考察をしており、興味深い。ここでの音楽を神の創造と人間の内的関係をもとにしての考察は、音楽のキリスト教的な解釈として非常に重要であるだけではなく、一般の音楽史における音楽論として今でも注目されている内容をもつ業績である。

5　『魂の偉大』一巻（三八八年）

魂のさまざまな問題について、ローマでなされた弟子であるエヴォディウスとの対話。ここにはアウグスティヌスの魂についての定義がある。「魂は理性を備え、身体の支配に適した特別な実態である。」なお新プラトン的な神秘思想を示す「魂の七段階」についても論じられている。

6　『自由意志』三巻（三八八～三九五年）

第一巻と第二巻はエヴォディウスとマニ教に対して意志の自由について対話している。そして悪の原因は、マニ教の言うような悪の原理によるのではなくて、人間の自由意志の決定によることが主張される。

7　『教師』一巻（三八八～三九〇年）

一五歳の息子アデオダトゥスとの対話。おそらく息子の死後、記念として出版されたもの。人間が話をする目的、教える場合の問題として、言葉（記号）と事柄との関係、学ぶことと想起の関係などが詳しく検討されている。

8　『真の宗教』一巻（三九〇年）

ギリシアの宗教観やマニ教の諸問題を批判的に吟味し、神と人を結びつける宗教にとり、また人間に救いを与える宗教にとり「権威と理性」の重要性を説いている。

9　『二つの魂――マニ教徒に対して』一巻（三九一～三九二年）

二つの魂とは、善なる魂と悪なる魂、神的魂と闇に属する魂を指す。この二つの魂の存在を主張するマニ教を反駁するために、この本は書かれた。アウグスティヌスは、悪や罪の原因を悪い魂から来るもの、というマニ教の立場を批判し、それはすべて人間の意志による、と述べる。「人間は意志によってのみ罪を犯す。」「意志なしにはいかなる罪も存在しない」とアウグスティヌスは言明し、罪の責任が、人間以外の悪の原理にあるのではなく、人間に、その意志にあることを主張している。

10 『虚言について』一巻（三九五年）

真実と虚偽の関係については、古代において哲学でも宗教でもよく議論されていた。「ひとが虚言を語っているか、語っていないかは、語っている人の内的心情によって判断されるべきで、その事柄自体の真理性ないしは虚偽性によって判断されるべきではない」とアウグスティヌスは述べている。そして彼は、虚言の効用について批判する立場をとる。

11 『キリスト教の教え』四巻（三九七～四二七年）

最初の三巻では、聖書解釈の問題を論じている。そのさいアウグスティヌスは、聖書の他の箇所と中心的な事柄からの検討を重視するだけではなくて、言葉（記号）とそれが指示する事柄との関係、および諸学問の成果を学び、利用すべきことの重要さを指摘する。第四巻は説教に関する原理的、実際的な考察であるが、ここでもアウグスティヌスは修辞学や弁論術を参考にする必要を語る。このように本書で、アウグスティヌスは教会における聖書解釈や説教のために、一般の文化の重要性を認識し、それを活用するように勧めている点に、本書の特色がある。そこには、信仰と理性を、聖書と一般の文化を相容れないもの、対立するものという当時あったような立場を批判し、むしろ両者の総合の重要性を理論的にも、実際的にも論じている注目すべき作品である。

12 『告白録』一三巻（三九七～四〇〇年）

アウグスティヌスの前半生を知る上で最も重要な、彼自身による興味深い、文学性に富む美しい文体によって書かれている自伝的作品。第一巻から第九巻までは、幼小時代から三二歳でキリスト教に回心するまでの外的・内的遍歴を綴っている。第九巻にある母モニカの死に関する記述は素晴らしく、心を打たれる。第一〇巻では現在の自分の状況を考察している。なおこの巻には、人間の誘惑の問題について大変興味深い記述があり、また記憶に関する詳細な議論もある。第一一巻から第一三巻では、神と人間の関係を、創造者と被造物という視点から論じている。そして、第一一巻には、アウグスティヌスの有名な時間論がある。

本書における時間に関する考察は、すでに述べたように大切でいつの時代にも注目され、評価された。たとえば、新しい問題意識と厳密な思索により現代哲学に大きな影響を与えているE．フッサールは、アウグスティヌスの時間論に注目し、現代の時間論に関する基本的な著作『内的時間意識の現象学』（一九二八年）の序論の冒頭で次のように述べている。

「時間意識の分析は古来、記述的心理学と認識論の十字架である。ここに伏在する非常な難問題を深く感知し、それらの問題にほとんど絶望的なまでの辛苦を重ねた最初の人はアウグスティヌスであった。『告白録』第一一巻の14～28章は今日もなお、徹底的に時間問題と取り組むすべての人びとによって研究されねばならない。なぜなら学識を誇る近代もこれらの事柄については、真剣に努力してこの大思想家を凌ぐほどのたいした研究を成し遂げてはいないからである。」（立松弘孝訳、

みすず書房）

なお文学的にも内容的にも優れている本書は、アウグスティヌスの著作中最も有名で、いつの時代にも各国でよく読まれている。我が国でも現在までですでに一四種の翻訳がなされているほどである。

13『マニ教徒ファウストゥス批判』三三巻（四〇〇年）

マニ教の優れた教師ファウストゥスは『キリスト教信仰と真理に関する三三章』というキリスト教批判の書を公にした。それに対する反論が本書で、批判に対応させて同じく三三章から構成されている。ファウストゥスの言葉が引用されているので、その立場、たとえば、マニ教の聖書やイエス理解、また善悪二つの原理や神と物質の関係などを知る上で、本書は貴重な資料である。かつて若い頃、九年間マニ教徒として過ごし、そのおりファウストゥスとも親交のあったアウグスティヌスは冷静、かつ周到に反論を記しており、説得力がある。

14『三位一体』一五巻（四〇〇〜四二一年）

三位一体の神は、三神ではなくて、あくまでも唯一神である、という教えは、古代において激しく論争されていた。そして幾度か会議を重ねて、父・子・聖霊は本質において一つの神であるが、実体においては三つである、と理解する立場が確認された。神の三一性を神におけるものとしてだけとは考えず、人間の内面との関係、しかもそれを単に存在の類比としてだけではなくて、実存の類比という視点からも説明しようとしているところに、本書におけるアウグスティヌスの三位一体論の特色がある。本書は二部に分けられる。第一部（第一巻～第七巻）は、聖書による三位一体論の論証。第二部（第八巻～第一五巻）は、神の三一性と人間精神の三一性との比較による考察。

15　『修道士の労働』一巻（四〇〇年）

瞑想と奉仕に生きる修道士は、信徒の寄付で生活し、自らは労働に従事しなくてもいいのではないか、という状況と問いに対して、アウグスティヌスは「働かざる者は食うべからず」という聖書の言葉に基づき、修道士に瞑想と同時に労働をすすめ、そして同時に人間にとっての労働の意義を述べる。本書は、古代において人間と労働の問題を扱った最初の作品として重要である。なお後の修道院の基本となった標語「祈り、かつ働け」は本書の立場に基づいている。

16　『結婚の善』一巻（四〇一年）

禁欲生活が結婚生活よりも優れている、という風潮のなかで、アウグスティヌスは結婚の意義と結婚した人々の義務について丁寧に論じている。なお本書の立場は、一九三〇年一二月、キリスト教の結婚観を述べたローマ教皇ピウス一一世の回勅「カスティ・コンヌビイ」の思想的基盤として利用されている事実からも分かるように、現代においても注目され、通用するものである。

17　『霊と文字』一巻（四一二年）

「文字は殺し、霊は生かす」という使徒パウロの言葉を、恩恵と律法という意味に解し、それを書名とし、律法を重視するペラギウス主義を批判しつつ、恩恵による救いとその意義を明解に論じている。本書は、ドイツの宗教改革者マルティン＝ルターに影響を与えたことでも、よく知られている。

18『信仰と業』一巻（四一三年）

良き業がなくても、信仰さえあれば救われる、と言うひとたちに対して、信仰と行為が正しい関係にあることの大切さを説く。

19『創世記逐語注解』一二巻（四〇一～四一五年）

アウグスティヌスは「創世記注解」をこれまでに幾度か試みている。第一回は三八八年から三九〇年にかけて書いた『マニ教に対する創世記論』二巻で、第二回目は『未完の創世記逐語注解』一巻（三九三～三九四年）であり、それに『告白録』（三九七～四〇〇年）の最後の三巻（第一一巻～一三巻）でも創世記の最初の三章の解釈を記している。それは、神による世界と人間の創造は、アウグスティヌスにとり極めて重要な問題であったからである。そして本書が創世記の最初の三章に関するもっとも詳しい注解で、完成されており、重要である。本書の内容は単に聖書の言葉の逐語的講解というより、アウグスティヌスの聖書解釈を通しての神学思想の展開である。創造論では、神の創造とはいかなる意味を持つのか、人間はどのように創造されたのか、神と人間の関係はどのようなものか、という神学の根本問題が主題となっているからである。アウグスティヌスは、たとえば、自らの回心の体験を創造論と関係させて説明しようとする。神に創造された人間が、神から離れて彷徨い、やがて神のもとに帰り、安らぎを得る、という、自らも体験したことが、アウグスティヌスにとり、神と人間の関係についての基本的な見方であった。

20『ヨハネによる福音書講解説教』一二四講（四一四～四一八年）
アウグスティヌスは「ヨハネ福音書」のテキストに基づき、イエス＝キリストの教えを説き、そしてそれとの関連で道徳を、特に愛の実践を勧めている。

21『神の国』二二巻（四一三～四二七年）
本書の執筆事情と内容については、大切だが、別な箇所でも述べているので省略する。
本書の構成は以下の通り。
第一部（第一巻～第一〇巻）　異教徒のキリスト教批判に対する反論
第二部（第一一巻～第二二巻）　国家と歴史についてのキリスト教の立場と解釈、神の国と地の国について。
このなかで、二つの国の起源と特色を述べている第一四巻、二つの国と二種の人間の起源と展開、両者の混淆を扱っている第一五巻、平和を論じている第一九巻と第二二巻は特に重要である。

22『詩編注解』（三九二～四二〇年）
旧約聖書の詩編についての詳しい分析、注解、説教。そのさい、詩編の内容を新約聖書、特にイエス＝キリストと関係させて理解しようと試みたり、また現在の人間の問題や状況との関連を重視し、いわゆる実存的に解釈しようとしており、迫力がある。そのため本書はいつの時代にもよく読まれ、旧約聖書解釈の模範とされている。

23　『ユリアヌス批判』六巻（四二一年）

ユリアヌス（三八六～四五四年）はペラギウス主義者のなかで学識に富む優れた理論家で、政治的にも活躍していた。アウグスティヌスは晩年の一〇年間、彼を相手に論争し、反駁書を四冊書いているが、本書はその一つ。ユリアヌスの四巻からなるアウグスティヌス批判の書を引用しながら、丁寧な反論を展開している。そのさい、神と創造の問題、原罪説、結婚、情欲、悪などに関する理解の仕方が争点となっている。

24　『信仰・希望・愛』一巻（四二一年）

本書はキリスト教の三つの徳について、しかし特に信仰について、アウグスティヌスの考えがまとめて論じられている作品である。

25　『死者のための配慮』一巻（四二一年）

親しい人の死に面した人への配慮のために、慰めの問題を取り上げ、それを丁寧に述べている貴重な書。

26　『再考録』二巻（四二七年）

本書の序に、アウグスティヌスはその執筆の意図を記している。

「かなり以前から私は今ここでなしていることを、神の助けによって実行しようと思い計画を練っていた。そしてこれ以上、引き延ばしてはならないと思う。裁判官のような厳格さをもって、私の著書、手紙、説教などを吟味し、監察官の筆をもって不適切なものをありのまま指摘したい。」

この記述を読むと、アウグスティヌスは著書だけでなくて、手紙や説教などもその表現や内容を再検討し、気になる箇所を訂正する意図を持っていたようであるが、しかしこれは実現せず、全体としては未完に終った。

それにしても自著の批判的検討を試みているこの本は、全くユニークな性格と内容をもち、アウグスティヌスの人柄、その思想の発展と変化、作品の意図を知る上で貴重な文献である。なお彼は序において、本書について次のようにも書いている。

「私がこの本を書く決心をしたのは、出版した著作を訂正したくても出来ないので、これを人々の手に届けるためである。……それゆえ、本書の読者は誤りを犯している私を真似るのではなく、よりよいものを目指し進歩している私に倣ってもらいたい。私の著作を、それらが執筆された順序に従って読む方は、私が著作を通して、どのような進歩をなし得たか、汲み取っていただけると思う。」

Ⅳ　アウグスティヌスの影響

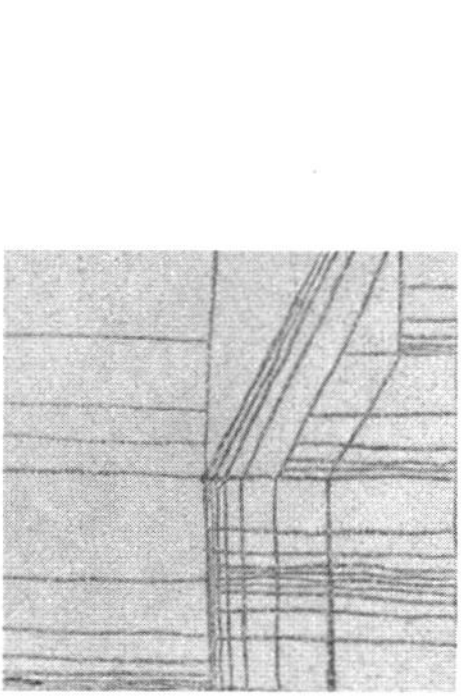

一　ヨーロッパ

古代のアウグスティヌス評価

アウグスティヌスはその誠実な人柄と、人々と社会と時代の問題に対する真面目な取り組みと優れた思索により、また多くの著作や論争などにより、当時すでによく知られていた。聖書のラテン語訳を完成させた有名な学者で、アウグスティヌスとも親交のあったヒエロニムスによると、彼は「世界中に知られていた」（「手紙」一九五）。

確かに五、六世紀において、たとえばアフリカでは「小アウグスティヌス」と呼ばれたルスペのフルゲンティウス、ガリアではヒラリウス、アルルのカエサリウス、スペインではオロシウス、セルヴィアのイシドール、イタリアではローマ教皇グレゴリウスなどがアウグスティヌスの人と思想を高く評価し、著書などでよく取り上げている。五世紀の半ばに、アクイタリアのプロスペルが『アウグスティヌスの神学命題』を書いている。ローマ教皇グレスティヌス（四二二～四三二）が、アウグスティヌスは教会にとり多大な貢献をした偉大な教父であった、と高く評価した。その後、彼は実際、ローマ・カトリック教会を支える西方の四大博士の一人と見なされるようになった。

後代への影響という面からアウグスティヌスの思想を見ると、中世においては、特に四つの分野を指摘できるであろう。

中世への影響

（1）　文化的影響　これは『キリスト教の教え』などで示されている立場で、一般の古典文化とキリスト教とを総合しようとした傾向を指す。そして実際、中世前期のカロリング王朝はラテン文化を普及させたが、その際、アウグスティヌスに依拠し、その立場を重視した。この時、教育改革に貢献したアルクインは、アウグスティヌスの著作からの抜粋集をまとめて、使用している。彼の弟子のフラバヌスもアウグスティヌスの文学論の影響を受けて、活躍した。

（2）　神学的影響　神と人間をめぐるアウグスティヌスの神学思想、神論、三位一体論、恩恵論、教会論、典礼論、信仰と理解などにおいて、中世の神学思想に大きな影響を与えた。たとえば、中世スコラ神学の始祖と言われるアンセルムスは、その著書のなかで、アウグスティヌスの教えなかったことは述べない、と明言している。ロンバルドゥスの『命題集』は彼の神学体系を示し、一三世紀に聖書と並びよく読まれたが、その九割はアウグスティヌスからの引用である。

（3）　哲学的影響　信仰と理性を調和させる態度、また知解を求める信仰を重んじる傾向で、これはプラトン的キリスト教を意味することも、または一般に中世神学の特色を指す場合もある。アリストテレスの哲学を重視するドミニコ会の勢力の強かったパリ大学にも、ハインリッヒ＝フォン＝ゲントのようなアウグスティヌス的プラトン主義者がいた。

（4）神秘主義的影響　これは中世の神秘思想家、たとえばエックハルト、タゥラーへの影響だけでなくて、修道会への影響も大きい。実際、アウグスティヌスの神秘思想、修道思想の影響を受けて成立した修道院や神学の学派も多い。アウグスティヌス隠修士会（一二五六年創立）、アウグスティヌス修道参事会（一三二九年創立）だけでなく、フランスのクニュニー会、この会に属するクレルヴォーのベルナルドゥス、アウグスティヌスの愛の思想を重視するイタリアのフランチェスコ会などである。その特色は、論理よりも宗教性、神秘主義を、また特に愛を重視する点にある。

一五、一六世紀ルネサンス期

ルネサンス期にアウグスティヌスと素晴らしい出会いをしたのはイタリアのヒューマニスト、ペトラルカであった。自ら名誉欲と女性への愛に悩んだ経験を持つ彼は、『秘密』と題する本を書き、心の迷いを告白しながらアウグスティヌスと対話している。一五世紀フィレンツェのプラトン哲学者のクザーヌスやフィチーノなどは、初期のアウグスティヌスの哲学思想に興味を抱いている。それに比して、一六世紀の宗教改革者たちは、後期のアウグスティヌスの神学的著作に興味を抱き、よく読み、その影響を受けている。ルターとカルヴァンはその宗教改革の出発点となる信仰理解のみならず、キリスト教全体の把握においてもアウグスティヌスに深く負うている。特に、プロテスタント神学の最初の体系家であるカルヴァンの著作にはアウグスティヌスからの引用が非常に多い。

興味深いのは中世のローマ・カトリック教会の神学者たちもアウグスティヌスから多く学んでいるが、それを批判して生まれたプロテスタントの神学者たちも同じアウグスティヌスに基づいて宗教改革の信仰と神学を築いている点である。

なお先にも触れたが、一六世紀にはアウグスティヌスの全集が何種類か出版されているので、その関心が高かったことがわかる。

一七、一八世紀　アウグスティヌスの世紀

一七世紀は「アウグスティヌスの世紀」と言われている。オランダのイーブルの司教、後のルーヴァン大学の学長になったコルネリウス＝ヤンセニウスの主著『アウグスティヌス』が、彼の死後、一六四〇年に出版された。本書はアウグスティヌスの全作品を九回、恩恵に関する文書を七〇回読んだヤンセニウスが二二年間を費やして完成した大著で、アウグスティヌスの恩恵論をまとめたものである。ところが発行直後から、ローマ教皇やイエズス会のひとたちが、その内容が正確でない、と批判しはじめた。そこでオランダの学者やその指導下にあるポール‐ロワイヤルのひとたちとの間で論争になった。この時、ポール‐ロワイヤルと関係のあったブレーズ＝パスカルもこの論争に参加し、『プロヴァンシャルへの手紙』を書き、イエズス会を批判している。パスカルがアウグスティヌスの恩恵論によく通じていたことは、その作品からうかがい知ることができる。このヤンセニウス主義をめぐる論争は四分の三世紀

ハイデッガー

続いたが、この間にアウグスティヌス研究も盛んになり、新しい全集や伝記が出版された。

近代合理主義の祖と言われるルネ＝デカルトが活躍したのは、一七世紀である。彼の『方法序説』と『省察』を読んで、ヤンセニストたちは驚いた。そこにアウグスティヌスの思想との類似が見出されたからである。パスカルも含めて、人々はデカルトの「われ思う、ゆえにわれあり」の論証の仕方にアウグスティヌスとの関連性を見て（『自由意志』第二巻3章7、『三位一体』第一〇巻10章14、『神の国』第一一巻27章など）、それを好意をもって迎え、デカルトの思想をアウグスティヌス主義の発展と理解したのであった。

一九世紀から現代
アウグスティヌスへの関心

一八世紀から一九世紀にかけてもアウグスティヌスへの関心は続く。倫理学の面からアウグスティヌスを見直したM．シェラーをはじめ、K．マルハイネッケ、オットマーなどがいる。オットマーは、アウグスティヌスのペラギウス文書に学び、啓蒙主義の自律的人間に対して、人間の弱さと恩恵の働きに注目する。

二〇世紀では、『聖なるもの』の著者、R．オットー、現象学のE．フッサール、実存哲学のK．ヤスパース、M．ハイデッガーなどがアウグスティヌスの思想に関心を示している。ヤスパースは『偉大な哲学者たち』という本のなかで、アウグスティヌスを取り上げ、彼がキェルケゴールやニーチェと同じく内面的思惟を根源まで押しすすめ、徹底的に思索し、最も深い自己理解を示している点を高く評価している。ハイデッガーは『存在と時間』のなかで、アウグスティヌスが外にではなくて、人間の内面に目を向け、そこから人間把握を試み、人間の問題性を鋭く指摘していることにしばしば言及している。

われわれは、アウグスティヌスにおける愛を重視する思想がパスカル、キェルケゴール、シェラーに流れているとすれば、彼の自己省察は、K．レヴィットの指摘を待つまでもなく、デカルトのコギト、カントの先験的自我、フッサールの純粋自我、ハイデッガーの現存在に連なっていると見なし得るであろう。この意味で、自分自身を直視し、自己の内奥を探り、人間の謎に執拗に迫ろうとしたアウグスティヌスの思索の営みは、近代哲学はもとより、現代思想に対しても、特に人間の内的意識や実存の問題、あるいは愛と形而上学の領域においても影響を与え続けている、と言えよう。

二　日　本

※わが国に、いつごろ、誰によって、アウグスティヌスの名はもたらされたのだろうか。これについてはまだ確証をもって言えないし、また、文献上における彼の名の初出も明らかでないようである。以下は、私が今までに調べた範囲で分かったことを簡単に記しておく。

1　キリシタン時代

アウグスティヌスはすでに一六世紀、キリシタンの時代に知られていた。たとえば、一五九一（天正一九）年、加津佐で出版された『丸血留の道』には数回におよぶアウグスティヌスへの言及がある。そしてそのなかには、

「……アグスチノ（キリシタン）二成リ玉ハザル以前ヨリ大学匠ニテ、此御法ヲ云イ崩サントシ玉ト雖、御主御堪忍深ク在マスガ故ニ、命ノ隙ヲ延べ玉也。其レニ依、（キリシタン）ニ成リ、ビスポノ位ニ任ゼラレ、ド当留トテ恵化（エケレジア）――ヲカカへ玉フ強キ柱ト成玉也」（海老沢有道他編『キリシタン書・排耶書』〈日本思想大系二五〉、岩波書店、一九七〇年、三三二頁）

と、彼の人物について簡単ではあるが適切な説明が見出せる。なお本書にはアウグスティヌスの著作からの引用文（『詩編注解』から）もある。また、当時、キリシタンによく読まれたスペイン人、

グラナダ（Luis de Granada, 一五〇三～一五八八）の訳書『信人録』（天草、一五九二（文禄一）年と『ぎや・ど・ぺかどる』（長崎、一五九九（慶長四）年）にも「サントアウグスチノ」、「さんとあぐすちの」という名がしばしば出てくる。

一六〇二（慶長七）年にはアウグスティノ会士が日本に渡来し、それからわずかの間ではあるが布教活動に従事し、一六一二（慶長一七）年には長崎古川町の中島川端にアウグスチノ会派の「サンアグスチノ教会」を建てた。さらに、幾度も版を重ねたキリシタンの貴重な教義書『どちりなきりしたん』には、ささやかながらアウグスティヌスの思想の影響が認められる（前掲『キリシタン書・排耶書』五六四頁以下を参照）。

以上のことから、日本で一七世紀にアウグスティヌスが、少なくとも一部のキリシタンの間で知られていたのは確かと言えよう。しかしながら、西洋キリスト教会の立派な指導者という以上に、彼の人と思想に関する詳しい紹介がなされたのかどうか、また、キリシタン禁制の時代に入っても彼の名前が忘れられなかったのかどうか、今のところはっきりしない。

2 一九世紀最初の翻訳

私の調べた範囲で、わが国においてアウグスティヌスに関する本を最初に書いたのには、田中達（幼名、志場猿丸、後に田中了達と改め、さらに達と変えた）である。

彼は、今から一二〇年前、一八九一（明治二四）年に東京の南海堂から『亜古士丁』（B6、一一四頁）を出している。まずこの本の漢字による題名が面白い。中国語では「澳古司丁」と書いていたこともあったが、最近では「奥斯定」と表記している。亜古士丁は田中による英語名オガスチンに基づく漢字化であろう。「基督教叢書」の一冊として出された本書には、当時のわが国におけるキリスト教の指導者の一人、植村正久による序文が付されている。

「仏蘭西の詩人アルフレッド＝ド＝マッセイ風流一世に冠絶す。然れども性放縦無頼にして、行を修めず。道義上、世の非難を受くべきもの尠からず。一日聖アウガスチンの記念碑を過ぐ。年壮にして能く其の志を悛め、慾に克ち、己を制して、終に感徳の士となりたる彼が儼然たる銅像を仰ぎ、思はず嘆息して曰く、嗚呼勇なるかな此の偉男児と。今此の偉男児の伝記成る。靄然たる母子の情、凛然たる一大好漢の精神、深遠なる建設的系統的の智力、一大神学の源頭たる其の学、雄名を不朽に垂るべき其の事業、模範的クリスチャンたる其の心胸、皆之によりて邦人に紹介せられる。本書の利益亦大なりと云はざるべからず。」

　わが国におけるアウグスティヌスの最初の翻訳は、宮崎八百吉訳『懺悔録』（警醒社、一九〇七年）である。これは他の作品の翻訳、たとえばトルストイの『我が懺悔』（一九〇二年）よりは遅いが、ルソーの『懺悔録』（一九一二年）よりは早く、アウグスティヌスの主著の一つが、類似したジャンルの西洋文学作品とほぼ同時期に注目され、紹介されたことがわかり、興味深い。

訳者宮崎八百吉（一八六二～一九二二）は牧師としても活躍したが、湖処子の名で特に詩人として著名である。本訳書は「僟に唯二個月の短期間」に完成された。キリスト教の古典が読み易い日本語に翻訳されたため、反響をよび、一月を経ずして再版された。宮崎は漢字でなく、カナで「アウガスチン」と記す。前回引用した植村正久の例がすでにあるが、当時の一般思想界（たとえば、大西祝や波多野精一の西洋哲学史ではアウグスティーヌス、北村透谷はアウガスチン）でも同様であった。田中達は『告白書』と訳していたが、宮崎は『懺悔録』を当て、トルストイやルソーの書名と同様、この訳語が邦名としてかなり長い間使用されることになった。

本書は全巻の訳でなく、一三巻のうち、最初の九巻のみを含む。それは底本にしたがったからである。「我が此の重訳は神学博士ビッグ氏の英訳に拠れる物なり」と訳者が述べているところから、"The Confessions of Saint Augustine, Newly translated with notes and introduction by Charles Bigg, Books 1–9, London, Metheuen & Co., 1897–1909" に基づいていることがわかる。ちなみに、ビッグ（一八四〇～一九〇八）は、オックスフォード大の優れた教会史家であった。彼の『告白録』の訳は最初の九巻のみであるが、W．ワッツやE．B．パセイの訳と並び、立派な翻訳として今日でも出版を重ねている。宮崎は公刊後間もなく本書を入手し、早速読み、心を打たれ、一気に翻訳した様子である。「我既に言ふ、平生の親炙あるに非ずして唯二個月に訳了せりと。盛夏六月、七月の間、一切人事を謝絶して書斎に籠居し、一閑張の机に対し、原書を左にし、硯を右にし、眼字を追い、頭之を訳し、手筆を馳る、額上の汗落ちて紙上に点するも、三伏の熱身辺に在るを知らざるなり」という序に記されたキザな文節は、宮崎のアウグスティヌスに対する打ち込み方を伝えるものであろうが、湖処子の生涯を思いうかべるときに、彼の事柄に熱中しやすかった性格の一端を表しているとも読める。

重訳であったため短期間に完成したのであろうが（それでもB六版で本文四四四頁）、しかし、その出来栄えは必ずしも悪くなく、訳者の才能をうかがわせる。本訳書がわが国にアウグスティヌスを紹介する重要なきっかけとなったことは疑い得ない。しかし、宮崎には、翻訳にさいし、本書の文学的、思想的意義について解説する用意はなく、ビッグにより小伝を付したのみであった。宮崎のみならず、明治期には、哲学史家も含めて、アウグスティヌスの生涯と著作を研究し、その思想の特色や歴史上における位置づけを試みた者はいなかった。この関連で、次に取りあげるオイケンの訳書とケーベルの影響は、わが国におけるアウグスティヌス研究にとり、一つの転換をもたらしたといえよう。

3　二〇世紀アウグスティヌス研究

明治期におけるアウグスティヌス文献としては、上で取り上げた田中達撰『亜古士丁』（一八九一年）が最初のものであるが、キリスト教界の外で本書がどの程度注目されたのかは明らかに知り得ない。この点、一般思想界にアウグスティヌスの人と思想およびその歴史的意義を紹介する上で大きな役割を果たしたのはルドルフ＝オイケン著

『大思想家之人生観』（一九一二年）であった。

もちろん、本書以前に、西洋哲学史関係の書物には——たとえば、波多野精一『西洋哲学史要』（一九〇一年）、大西祝『西洋哲学史』上巻（一九〇三年）など——アウグスティヌスについて短い叙述を見出せるし、また、北村透谷にはアウグスティヌスからの引用もなされている（「トルストイ伯」『平和』、一八九二年五月、中に『告白録』冒頭の有名な箇所「神よ爾は我等を……」が、アウガスチンの言葉として記されている）。しかし、大西と波多野はアウグスティヌスの思想のうち、ただ原罪説と予定説についてごく簡単に言及しているにすぎない。当時、アウグスティヌスに関して十分な説明がなされていなかったことについては石原謙の証言が参考になろう。つまり、一九三八年四月、岩波書店『月報』（『図書』の前身）に載った「アウグスティヌス研究への示唆」において、彼はアウグスティヌスに関してキリスト教界において「極めて皮相的且つ粗雑な紹介」しかないことをなげき、「一般哲学史も殆ど正確な記述は与えてゐない」と指摘している。このような状態のなかでオイケンの『大思想家之人生観』（東亜堂、一九一二年）が安倍能成訳で世に出されたが、その意義は大きい。

オイケン（Rudolf Euchen, 一八四六〜一九二六）は本書でギリシアから現代に至るまでの重要な思想家を叙述対象としているが、そのさいアウグスティヌスに最も多くの頁をさいていることは注目に価する。彼は六つの項目のもとにアウグスティヌスを取り扱う。まず、総論を次の文章で始める。

「アウグスチン（三五四〜四三〇）は基督教本来の地盤に於ける唯一の大哲学者である。彼は過去一切の影響と、彼自身の時代の一切の刺戟とを一身に包括した、そして新しき者、より偉大な者を其中から造った。」

オイケンはアウグスティヌスの思想史的位置づけをしながら、同時に其の思想の特質も解説していく。たとえば、彼の体験と思想との関係について論じたのち、「アウグスチンは彼れが体験し、而も深く忠実に体験すると同時に、之に加へてその体験を賢く冷かに無関係の物に対するが如く反省し得る」と述べる。「其二」で生活の精髄にふれ、アウグスティヌスには人間と神という二つの探求の道があると指摘する。「精神世界の宗教的形成」と題されている「其三」では、真理問題の追求における過程で、アウグスティヌスが人間の魂の中の絶え間ない動揺が彼をして比類ない偉大な思想家たらしめた、と語る。ここで、宗教一般と思想の関係をアウグスティヌスに即して詳しく論じたのち、次の「其四」、「世界歴史と基督教」では歴史哲学の成立にふれるが、アウグスティヌスのこの点に関する紹介はおそらくわが国最初であろう。「其五」で教会の問題に移り、一般宗教思想とキリスト教を支え、結ぶものとしてそれを位置づける。そして最後の結論では、アウグスティヌスが古代キリスト教の精神的頂点をなすこと、そして中世への影響にふれ、さらに宗教改革との関係に言及する。先に引用した石原謙によると「オイッケンの学説の紹介され流行し始めた頃其名著『大思想家之人生観』が安倍能成氏の労苦によって訳出され、其中に描かれた彼の思想の立派な叙述によって我々は始めて其真精神を教へられたかの感を得たのである。」

本書は確かによく読まれ、のちに改訳、編集され、岩波文庫に『七大哲人』と題され、一九二八年に出版された。やがて本書に刺戟され、また、ケーベルの指導を受けた岩下荘一と石原謙が原典に基づくアウグスティヌス研究をなすのは明治末から大正にかけてであった。

4　日本人のアウグスティヌス受容——三つのタイプ

日本におけるアウグスティヌス受容を歴史的に概観するとき、以上扱った部分は、その前史と見なし得るであろう。そして彼の人物と思想が日本人自身によって理解されはじめたのは、昭和に入ってからである。

おりしも一九三〇（昭和五）年はアウグスティヌス没後一五〇〇年に当たり、諸外国では記念行事や記念出版が盛んに行われた。そして日本でも、幾つかの研究業績が公刊されたが、この頃からアウグスティヌス理解が深まっていく。これ以降のわが国のアウグスティヌス理解を見ていくと、三つの傾向、ないしは三つの受容のタイプがあるように思われる。

(1)　西田幾多郎の場合　哲学の基本

日本における優れた哲学者、西田幾多郎は、すでに初期の著作『善の研究』（一九一一年）において、アウグスティヌスが行為の価値の判断を意識の直接経験に求めていること、また真理の標準を意識の内面性との関連で捉えていることから、彼を最も根本的な思索を試みた人物として評価している。西田は一九三〇年に書いた論文「場所の自己限定としての認識作用」において、次のように述べている。「哲学史上、自覚の深き意義に徹底し、万物をその立場から見た人はアウグスティヌスであった。」

西田はまた、この論文のなかで、『告白録』第一巻の冒頭の文章に言及し、次のように記す。「われわれが外物を離れて深い内省的事実のなかに自己自身の実存性を求めると、自ら神に至らざるを得ない。」この西田の文章は、アウグスティヌスの意図を適確に把握し、表現していると言えよう。なお西田のアウグスティヌス理解を、全体として一層よく示しているのが「アウグスティヌスの自覚」（一九二八年）と題されている論文である。このなかで西田は「アウグスティヌスは深く自己自身の奥底を反省して、他の何者にもよらず、真に自己の人格的実存そのものをつかみえた人と思う」と言う。そしてアウグスティヌスの自覚が中世哲学の基礎づけを与えた、と述べる。

西田幾多郎

哲学を内的人間の自省の学と考える西田は、アウグスティヌスの思想のなかに、その基本的な在り方を見出し、人格的自覚を基礎づけるものとしての自覚がアウグスティヌスの自覚であると理解し、それを高く評価するのである。

このような立場からアウグスティヌスを受容しているがゆえに、西田が、『告白録』と『三位一体』の二著を典拠として論じているのはうなずける。つまり、時間を人間の意識の問題として捉え、内面化した『告白録』の時間論、および『三位一体』における人間精神の考察に、西田は興味を抱いたのである。

われわれは同様なアウグスティヌス受容を、波多野精一、河野与一にも見出すことが出来る。なおこのようなアウグスティヌスの解釈は、たとえば生の哲学者で、人間の自覚の意味を問うたディルタイの『精神哲学序説』におけるアウグスティヌスの取り扱い方と共通している、と見なしうるであろう。

(2)　矢内原忠雄の場合　危機の時代に生きる指針

矢内原は、一九三七（昭和一二）年一二月、日中戦争が始まった直後に、反軍国主義的言行のゆえに東京大学の教授職から追放された。それから一年、彼は臆することなく、祖国のファシズム化に反対し続ける。そして公的活動を禁じられていた矢内原は自宅に私塾を開設し、自らの信じ、確信することを人々に訴えようとした。この私塾が彼の「土曜学校講座」であり、それは非常時であったにもかかわらず、一九三九年一月から一九四七年五月に至るまでの約九年間継続された。

この学校で矢内原が最初に取り上げたのが、アウグスティヌスの作品であった。しかも四年間にわたって、矢内原はアウグスティヌスの著作のほとんどを読み、それらについて集中して講義を行った。一九三九年一月、開講の辞で、矢内原は次のように述べている。

「われわれはまずアウグスティヌスの『告白』を学ぼうとする。『告白』は、人とは何であるかについてわれわれに教えるであろう。」そしてまた、「……疾風怒濤の時代において、アウグスティヌスは人間とは何であるのか、国家とは何であるか、を根本的に省察」した人物として注目するのである。そして矢内原はアウグスティヌスを学ぶことが、「われわれにとりて生活の現実の力」になることを、信じて疑わない。

一九四〇年七月、アウグスティヌスの作品『神の国』の講義を始めるに当たり、当時の国家と戦争の状況に触れたのち、「かかる時代にさいして、キリスト教会、キリスト者というものは個々の実際問題、および人類、国家の見通しについて、いかに考えるべきであるか、……アウグスティヌスのこの本ほど直接の参考になる本はおそらくないでしょう」と語る。そしてアウグスティヌスが失望と不安、困惑と暗黒に閉ざされようとしている時代のさなかで、人間とは何かを鋭く問い、また、国家、平和、正義、歴史の問題について真剣に思いを巡らしつつ、信仰に固く立ち、自らの確信する道を生き抜いた人物であることを強調している。

矢内原は、困難な時代状況のなかで、人間とは何か、いかに生きるべきか、また国家とは何か、それはいかにあるべきか、平和とは、正義とは何か、を真剣に問う。そしてそれらの問いに対する解答をアウグスティヌスの著作の中に求め、それらを熱心に学んだのであった。征矢野晃雄と三谷隆三もこのような面からアウグスティヌスに惹かれた人々であった。

(3)　石原謙　西洋キリスト教史の要

次に、アウグスティヌス理解において一つの典型的な立場を示している、日本におけるキリスト教史学の開拓者、石原謙をとりあげてみたい。石原の場合、アウグスティヌスは、ヨーロッパ－キリスト教の歴史を理解するための要である。それは、アウグスティヌスという人物と思想のなかに、彼以前の思想が流れ込み、総合されているだけではなくて、まさにアウグスティヌスという人物と思想を通して、キリスト教は宗教的に深化され、文化的に総合され、内容的に豊富にされ、思想的に強化された、と見なされるからである。

つまり、アウグスティヌスにおいて、彼以前のヘレニズム（ギリシア・ローマの思想、文化）とキリスト教（聖書と教会）が総合されただけではなくて、それと同時に、彼において、彼以前のキリスト教がもっていた二つの重要な要素、つまり、一方では外的制度としての教会とローマ教皇を中心にしたローマ・カトリック教会の権威、他方では信仰的敬虔に基づく修道院的生活とキリスト教哲学をもとうとする理性的神学、この両方の面で伝統が総合され、それ以後のヨーロッパとキリスト教の、教会と神学思想の源流となり得た、と見なすのである。

ところで石原のキリスト教理解において重視されているのは、法的秩序としての教会と人格的信仰の二つである。そして歴史的には、アウグスティヌスにおいてこの両者が一つになったと考えるのである。石原が晩年に完成した大著『キリスト教の源流――ヨーロッパ・キリスト教史』上巻（一九七二年）の序にある次の言葉はこの意味で理解され得るであろう。

「……ローマ的伝統は政治的に有力であったが、思想的に弱く、内容的に乏しい。これを鍛練して宗教的神学的に強化するためには、アウグスティヌスの出現を待たねばならなかった。彼はカトリシズムの完成者であると共に、ある意味でカトリック教会を超えた人物であり、全キリスト教史を通して最大偉人の一人である。いかにしてかかる人物が生れ形成されることを得たのか、その人格および神学形成の過程をつまびらかにするのは、私の最大関心事である。」

石原はさらに、アウグスティヌスが中世に影響を及ぼしたのみならず、宗教改革者たちも彼から基本的な視点を与えられていることを指摘する。石原によると、ヨーロッパ・キリスト教の本質を歴史的に追求するためには、アウグスティヌス研究が重要な課題となるのである。

なお石原のキリスト教史観に対するアウグスティヌスの影響も見落としてはならない。石原によると、アウグスティヌスは「世界および人類の発生起源から始めて歴史的展開を明らかにし、その必然的な終局の運命にまで及ぼうとする」。この理解がアウグスティヌスの『神の国』に基づいていることは、言うまでもない。

おわりに

以上取り上げた日本人三名におけるアウグスティヌス理解が興味あるのは、哲学者西田幾多郎、社会学者矢内原忠雄、キリスト教歴史家石原謙という、それぞれ専門の異なる日本人が、それぞれの立場でアウグスティヌスの人物と思想にふれ、それを高く評価し、彼かた学ぼうとしている点である。西洋の教師アウグスティヌスは、彼らにとり遠い昔、古代に現れた過去の、また異なる世界の人物ではなかった。この三人はアウグスティヌスの生涯にふれ、その著作を読み、またその思想を学ぶことを通して、哲学にとり、人間と社会にとり、歴史と宗教にとり、最も基本的なものを見出し、それを各自の専門とする領域のために受容し、自ら生き、思索し、研究するための糧としたのであった。それはまさに、アウグスティヌスという人間のもつ深い秘密であり、また彼の思想に宿る長い時間を超えて生き続けている生命力と言えよう。

あとがき

ヒッポのアウグスティヌス（三五四～四三〇年）はローマ帝国時代末期に、その属州の北アフリカで生まれて育った人である。今からおよそ一六〇〇年ほど前に遠い場所で生涯をおくったこの人物について、不思議なことに、今でも世界で毎年一〇〇冊以上の本が書かれ出版されている。我が国でも彼の著作の約半分、五〇点余りがすでに翻訳されており、また彼に関する研究書の類も非常に多く、外国語文献の翻訳も含めると優に一〇〇冊以上はある。このなかにはアウグスティヌスと親鸞における宗教と人間の信心や悪の問題を関連づけて論じている本もあり、興味深い（参考文献参照）。

大昔の人について今だに多数の本が書かれている、ということの事実は驚くべきではなかろうか。それほどアウグスティヌスという人物は、彼の著作と思想には魅力があり、それ故いつの時代にも人々の関心を惹きつけ、注目されている、と言えよう。それは何故であろうか。それは彼が有名な教父として、聖書、神、教会などについて神学的に歴史的にみて大きな貢献をしているからだけではない。それは、アウグスティヌスの歴史的意義としてよく挙げられるように、彼はそのさい、彼以前のギリシア・ローマの思想・文化（ヘレニズム）を学び受容し、それとキリスト教との総合を試み、ヨーロッパ文化の源流となるものを創り出しているからでもある。それとまたその思想の内容においては、重要な神学的、哲学的、歴史的主題だけではなくて、何時の時代にも日々の生活の中で人々が出会う、人間や社会、また思想や宗教などに関するほとんどあらゆる問題について自ら生きている場で真面目に取り組み、真剣に考え、そしてその思索の内容を美しい文章で綴り、本にまとめて多く残してくれているからである。

なおアウグスティヌスの文章ないしは文体については、本書のなかでは割愛して触れなかったため、心残りなので、ここで少し言及しておきたい。ローマの名文家「キケロの文に優っている」と言われるアウグスティヌスの見事な文体について、今は簡単にするため、ヨーロッパ文学における現実描写に関する優れた研究をしているE.アウエルバッハの『ミメーシス』（篠田一士・川村二郎訳）から少し引用するだけに留めておく。「アウグスティヌスは修辞学的古典の世界とユダヤ・キリスト教的伝統の世界の両方に通暁し、おそらくこの二つの世界の間にみられる文体上の対照的な性格に気づいた最初の人であった。」「彼の文章は内容といい形式といい古典古代の産物とはとても考えられない。」「当時の流行の文体からアウグスティヌスの文章は屹立している。」

したがってアウグスティヌスの著作を読むことは、その内容の素晴らしさに惹かれるだけではなくて、その文章の美しさも享受できるので、実に楽しい。

アウグスティヌスは「近代思想の創始者」（ヴィンデルバント）と見なされているように、古代人でありながら、彼の生きた時間と空間を超えて、いつの時代の人も彼から学ぼうとしている。つまりあらゆる時代に何らかの影響を与えている。そしてすでに見たように、実際、彼のヨーロッパの歴史、思想、文化、社会、政治などへの影響は長く広くて大きく、しかもそれは現代にまで及んでいる。

そのような人物の生涯と思想をまとめて紹介するように、という課題を与えられて、実はすごく喜ぶと同時に大いに困惑もした。それは素晴らしい機会であるからであり、また同時に取組む対象が偉大すぎて、どうもがいても手に余るからである。しかしそれを依頼してきた出版社は、私が若いころ教科書や参考書で大変お世話になったので今でも懐かしい思いを抱いている「清水書院」であり、そのシリーズはすでに多くの歴史上の優れた人物を取り上げている「人と思想」であり、それにアウグスティヌスは、私自身が長年にわたり研究している人物である。そこで苦労を覚悟しながらも喜んで引き受け、執筆に全力を尽くした。

ところでアウグスティヌスは私にとり生涯にわたる研究対象であるだけではなく、人生のいろいろな折に、たとえば人間的に学問的に、また実際的に理論的に困難に遭遇して苦慮している時などに、その問題について話し合える私の生活のなかで親しくしている、また最も信頼出来る相談相手の一人でもある。この点で若い時にこのような人物に出会い長い関係を維持していることは、私にとり幸せである、と言えよう。そこで問題は、そのような学問的にも人間的にも親しくしている、でも実際は大昔の人物を、それも「西洋の教師」とみなされている偉大な人物を、現代この日本で多くの方々に、どのように紹介したらいいのか、そしてこの困難な課題と、どのように取り組んだらいいのか、である。

簡単に述べれば、アウグスティヌスの生涯と著作と思想を別々に取り上げて論じるだけではなくて、その全体としての素晴らしさをより良く理解してもらえるために、この三つを出来るだけ関わらせながら紹介していく、という方法を取ることにした。そしてそのさい取り扱う思想の主題を絞り、「愛の思想家」と言われるアウグスティヌスにとっても、また何時の時代の人間にとっても大切な「愛」とその愛と関連づけがなされている「歴史観」を選び、そこに焦点を絞り、この二つについて少し詳しく論じることにした。そのさい、彼が生涯と思想を関わらせて書いてある『告白録』を特に資料として使用した。ちなみに、アウグスティヌスの優れた研究家、ハルナックは本書について次のように述べている。「この混迷と仮象の世界において、愛のみが、神の愛のみが力と真理であること、愛のみが捉えつつ解放し、祝福すること、これが『告白』ならびにその後の彼の著作に現れたアウグスティヌスの積極的根本的思想である」(山谷省吾訳『アウグスティヌスの告白』)。歴史観のためには、ヨーロッパで最初の歴史哲学の書と言われており、また二種類の愛の原理から歴史解釈を行っている『神の国』を主たる典拠にして論じているが、しかしそれと同時に、他の著作におけるアウグスティヌスの思想と歴史観の関係にも注目し、取り上げて考察している点にも留意して頂きたい。

それともう一つの重要な課題である、歴史におけるアウグスティヌスのヨーロッパに対する影響史と、それと日本（人）に対する影響に関しては私が調べていたので、その要点をまとめて紹介することにした。このような意図と方法に基づく叙述がうまくいったかどうかは別として、このような点に本書の特色を看取して下されば幸いである。

本書の執筆、印刷、出版にさいしては、清水書院の編集部長渡部哲治氏に大変お世話になり、深く感謝している。渡部氏の暖かいご支援と奨励なしには本書は完成しなかったかも知れない。また本書の編集を担当して下さった同編集部の杉本佳子氏には、実に細かなゆき届いた、また適切なるご配慮を頂いた。そして本書の内容を充実させるために、良き貢献をして下さった。氏の献身的なお仕事に、心からお礼を申し上げたい。渡部様、杉本様、本当にありがとうございました。

本書により、読者のみなさまに、アウグスティヌスの生涯と思想が、特に彼の愛の体験と愛の思想が少しでもよく理解されることを願っている。

宝塚武庫川河畔の仮寓にて

宮谷宣史

アウグスティヌス年譜

西暦	年齢	年譜
三五四		一一月一三日、北アフリカのタガステに生まれる。父パトリキウス、母モニカ。
三六五	11	隣町マダウラの学校に通う。
三六九	15	夏、タガステに戻る。
三七〇	16	カルタゴに移り、学校に通う。
三七一	17	父、タガステにて死す。
三七二	18	ある女性と同棲生活に入る。
三七三	19	キケロの『ホルテンシウス』を読み、愛知の心燃え立つ。マニ教徒となる。同棲していた女性との間に息子アデオダトゥス生まれる。
三七四	20	カルタゴからタガステに戻り、文法の教師となる。
三七六	22	友人の死。タガステからカルタゴへ移り、修辞学教師として働く。
三七七	23	カルタゴで詩作のコンクールに参加、優勝もする。
三八〇	26	最初の著作『美と適合』を発表。
三八二	28	夏、マニ教の教師ファウストゥスに会う。
三八三	29	カルタゴよりローマへ行き、修辞学教師として働く。ローマで新アカデミア派の懐疑主義にひかれる。
三八四	30	秋、ミラノ公立学校の修辞学教師に選任され、ローマよりミラノに移る。

三八五	31	晩春、モニカがミラノへ来る。ヴァレンティニアヌス2世に頌詞を献ぐ。皇太后ユスティナおよびその一派によるミラノの教会迫害事件起こる。
三八六	32	新プラトン派の書物を読み、またアンブロシウスの説教を聞き、大きな影響を受ける。シンプリキアヌスとの対話。八月、ポンティキアヌスの訪問を受け、ミラノの庭園で回心。秋、胸を患い、修辞学教師を辞任しミラノの北方カッシキアクムに移り、共同生活を営む。初期対話編『アカデミア派駁論』『至福の生』『秩序』『ソリロキア（独白）』を著す。
三八七	33	春、ミラノへ戻り受洗準備、四月二四日、復活祭の夜、受洗。夏、ローマ経由でオスチアへ。同地で母モニカ死す。再度ローマに戻り滞在。『魂の不滅』を著す。『音楽論』を書きはじめる。
三八八	34	八～九月、カルタゴ経由でタガステに帰省、共同生活を始める。『魂の偉大』を著す。『カトリック教会の道徳とマニ教徒の道徳』『自由意志』『マニ教徒に対する創世記論』『教師』を書きはじめる。
三九〇	36	ネブリディウスを訪問。カルタゴへ旅行。息子アデオダトゥスと友人ネブリディウス死去。『真の宗教』を著す。
三九一	37	春、ヒッポを訪問。突如として司祭就任を要請される。『信の効用』『二つの魂―マニ教徒に対して』を書きはじめる。
三九二	38	八月二八日～二九日、ヒッポでマニ教徒フォルトゥナトゥスとの公開討論。『マニ教徒フォルトゥナトゥスとの討論記録』を公表。
三九三	39	一〇月八日、ヒッポにて平和会堂献堂式を行う。一二月三日、第一回ヒッポ会議で説教をする。ドナトゥス派との論争はじまる。『信仰と信条』を著す。『未完の創世記逐語注解』を書きはじめる。

三九四	40	『主の山上の説教』『ドナトゥス派批判の歌』『マニの弟子アディマントゥス批判』『ガラテヤ書講解』『未完のロマ書講解』を著す。
三九五	41	五～六月、ヒッポ教会司教に叙階される。フォルトゥナトゥスと再び論争。ヌミディアのトゥブリシク、キルタ、ティアバへ旅行。『虚言について』『節制について』を著す。
三九六	42	ヒッポの司教ヴァレリウスの死後、その後継者となる。ドナトゥス派の司教ホルティウスとの公開討論。『シンプリキアヌスへ』を著す。
三九七	43	四月四日、アンブロシウス死す。後任はシンプリキアヌス。四月二六日の第二回カルタゴ会議、八月二八日の第三回カルタゴ会議に出席。『キリスト教の教え』『告白録』の執筆に着手。
三九八	44	マニ教徒フェリクスとの公開討論。『マニ教徒フェリクス批判』発表。
三九九	45	四月二七日、第四回カルタゴ会議出席。『善の本性』『初心者の教導』を書きはじめる。
四〇〇	46	『洗礼論―ドナトゥス派に対して』『マニ教徒ファウストゥス批判』『福音書記者の一致』『パルメニアヌスの手紙批判』を著す。『三位一体』を書きはじめる。『告白録』完成。
四〇一	47	六月一五日の第五回カルタゴ会議、九月一三日の第六回カルタゴ会議に出席。『結婚の善』『聖なる処女性について』を著す。『創世記逐語注解』を書きはじめる。
四〇二	48	シンプリキアヌス死す。八月七日、ミレヴェでの第七回教会会議に出席。
四〇三	49	八月二五日、カルタゴ会議出席。カルタゴのドナトゥス派の司教プリニアヌスと論争。
四〇四	50	六月二六日、第九回カルタゴ会議出席。皇帝にドナティスト問題介入を要請。ヒエロニムスによるラテン語訳聖書『ウルガダ』完成。
四〇五	51	八月二三日、第一〇回カルタゴ会議出席。ドナトゥス派文法学者クレスコニウスと論争。『ドナトゥス派の文法学者クレスコニウスに対して』を書きはじめる。

四〇七	53	六月末、トゥブルシクでの第一一回教会会議出席。ドナトゥス派に対する皇帝の政治的介入を支持。『悪霊の予言』を書きはじめる。
四〇八	54	六月一六日の第一二回カルタゴ会議、一〇月一三日の第一三回カルタゴ会議出席。
四〇九	55	六月一五日、第一四回カルタゴ会議出席。ヒッポ近郊でドナティスト争乱。
四一〇	56	六月一四日、第一五回カルタゴ会議出席。九月一一日、ウティカへ。冬ヒッポ郊外で休養。ローマ却掠。
四一一	57	一〜三月、カルタゴで説教。四〜六月、キルタおよびカルタゴにてドナトゥス派に説教。六月一日、ドナトゥス派との会議に出席。
四一二	58	一月、ドナトゥス派に対する皇帝の勅令。六月一四日、キルタの司教会議出席。スペインの司教オロシウス、アウグスティヌスのもとで学ぶため、ヒッポに来る。『罪の報いと赦しおよび幼児洗礼について』を書きはじめる。ペラギウス論争おこる。『霊と文字』を著す。
四一三	59	六〜九月、カルタゴへ行き、マルケルリヌスの救援を試みるが、九月一三日、処刑される。『自然と恩恵』『神の国』を書きはじめる。
四一四	60	『寡婦の善について』を著す。『ヨハネ福音書講解』を書きはじめる。
四一六	62	九月、カルタゴ会議出席。九〜一〇月、アフリカの司教六〇名がミレヴェに集まり、ペラギウス主義者の断罪をインノケンティウス1世に要求。『ヨハネの手紙講解』を著す。
四一七	63	九月中旬カルタゴでペラギウス主義者に説教。
四一八	64	五月一日、第一六回カルタゴ会議に出席、五月中旬まで滞在。ペラギウス主義者に対し、『キリスト教の恩恵と原罪』を書く。九月二〇日、カエサリアに旅し、ドナトゥス派の司教エメリトゥスに会う。

四一九	65	五月二五日、カルタゴ会議出席。『結婚と情欲』『魂とその起源』『不品行者の結婚』を書きはじめる。
四二〇	66	『虚言に対して』『ペラギウス派の二書簡批判』を著す。ヒエロニムス死す。
四二一	67	エクラヌムのペラギウス派司教ユリアヌスとの論争始まる。『ユリアヌス批判』『信仰・希望・愛』を著す。
四二二	68	六月一三日、第一八回カルタゴ会議出席。
四二四	70	エラクリウス、ヒッポで聖ステファヌス記念会堂建設。
四二六	72	九月二六日、エラクリウスをヒッポ教会の司教に任命。ミレヴェの司教セベルスの後任を決める。司教イアヌアリウス、アウグスティヌスの修道院を去る。セミ－ペラギウス主義者の問題起こる。『再考録』を書きはじめる。『恩恵と自由意志』『譴責と恩恵』を手がける。
四二八	74	アリウス派司教マクシミヌスと論争。『アリウス派の司教マクシミヌス批判』『聖徒の予定』を著す。
四二九	75	五月、ヴァンダル族、北アフリカへ侵入。多くの司教が教会を去るが、アウグスティヌスはとどまる。『ユリアヌス批判―未完』を書く。
四三〇	76	五月、ヴァンダル族、ヒッポ市を包囲。八月二八日、アウグスティヌス没。

資料と参考文献

○資　料

（1）アウグスティヌスの著作

日本でもっともまとまったアウグスティヌスの作品の翻訳は次の著作集に含まれており、使用するのに便利である。

『アウグスティヌス著作集』（第1期、第2期全30巻）　教文館　一九七九年〜

第1巻「初期哲学論集」1　清水正照訳『アカデミア派駁論』『至福の生』『秩序』『ソリロキア（独白）』　一九七九年

第2巻「初期哲学論集」2　茂泉昭男訳『魂の不滅』『魂の偉大』『教師』『真の宗教』　一九七九年

第3巻「初期哲学論集」3　泉治典・原正幸訳『自由意志』『音楽論』　一九八九年

第4巻「神学論集」　赤木善光訳『信の効用』『信仰と信条』『シンプリキアヌスへ』『信仰・希望・愛（エンキリディオン）』　一九七九年

第5巻1　『告白録（上）』　宮谷宣史訳　一九九三年

第5巻2　『告白録（下）』　宮谷宣史訳　二〇〇七年

第6巻　『キリスト教の教え』　加藤武訳　一九八八年

第7巻「マニ教駁論集」　岡野昌雄訳『二つの魂』『フォルトゥナトゥス駁論』『基本書と呼ばれるマニの書簡への駁論』『善の本性』『結婚の善』　一九七九年

第8巻「ドナティスト駁論集」　坂口昂吉・金子晴勇訳『洗礼論』『ドナティスト批判、あるいは手紙一八五』
第9巻「ペラギウス派駁論集」1　金子晴勇訳『霊と文字』『自然と恩恵』『人間の義の完成』　一九七九年
第10巻「ペラギウス派駁論集」2　小池三郎・金子晴勇・片柳栄一訳『恩恵と自由意志』『譴責と恩恵』『聖徒の予定』『堅忍の賜物』　一九八五年
第11巻『神の国』1（第1～5巻）赤木善光・泉治典・金子晴勇訳　一九八〇年
第12巻『神の国』2（第6～10巻）茂泉昭男・野町啓訳　一九八二年
第13巻『神の国』3（第11～14巻）泉治典訳　一九八一年
第14巻『神の国』4（第15～18巻）大島春子・岡野昌雄訳　一九八〇年
第15巻『神の国』5（第19～22巻）松田禎二・岡野昌雄・泉治典訳　一九八三年
第16巻「創世記注解」1　片柳栄一訳『創世記逐語注解』（第1～9巻）　一九九四年
第17巻「創世記注解」2　片柳栄一訳『創世記逐語注解』（第10～12巻）『未完の創世記逐語注解』　一九九九年
第18巻1『詩編注解』1　今義博・大島春子・堺正憲・菊地伸二訳「第一～三二編」　一九九七年
第18巻2『詩編注解』2　谷隆一郎・堺正憲・花井一典ほか訳「第三三～五三篇」　二〇〇六年
第19巻1『詩編注解』3　水落健治訳「第五四～七五篇」　未刊
第19巻2『詩編注解』4　荒井洋一訳「第七六～一〇〇篇」　未刊
第20巻1『詩編注解』5　中川純男・林明弘ほか訳「第一〇一～一二二篇」　二〇一一年
第20巻2『詩編注解』6　河野一典・松崎一平訳「第一二三～一五〇篇」　未刊
第21巻『共観福音書説教』1　茂泉昭男訳「マタイによる福音書」1　一九九九年
第22巻『共観福音書説教』2　茂泉昭男訳「マタイによる福音書」2「マルコによる福音　一九九六年

書」「ルカによる福音書」　二〇〇一年
第23巻『ヨハネによる福音書講解説教』1　泉治典・水落健治訳「第一〜二三説教」　一九九三年
第24巻『ヨハネによる福音書講解説教』2　金子晴勇・木谷文計・大島春子訳「第二四〜五四説教」　一九九三年
第25巻『ヨハネによる福音書講解説教』3　茂泉昭男・岡野昌雄訳「第五五〜一二四説教」　一九九三年
第26巻『パウロの手紙・ヨハネの手紙説教』　岡野昌雄・田内千里・上村直樹・茂泉昭男訳「ローマの信徒への手紙選釈」「パウロの手紙説教」「ヨハネの手紙一講解説教」　二〇〇九年
第27巻「倫理論集」　今義博・森泰男・宮谷宣史・茂泉昭男・出村和彦・神崎繁訳『禁欲』『キリスト者の戦い』『修道士の労働』『見えないものへの信仰』『信仰と行為』『神を見ること、あるいは手紙一四七』　二〇〇三年
第28巻「三位一体」泉治典訳『三位一体』　二〇〇四年
第29巻「ペラギウス派駁論集」3　金子晴勇・畑宏枝訳『罪の報いと赦し、および幼児洗礼』『キリストの恩恵と原罪』『ペラギウス派の二書簡駁論』　一九九九年
第30巻「ペラギウス派駁論集」4　金子晴勇訳『ユリアヌス駁論』　二〇〇二年

○参考文献

（1）　歴史的背景

『アウグスティーヌスと古代の終末』内田芳明著　弘文堂　一九六一年
『アウグスティヌス　キリスト教的古代と中世』E.トレルチ著、西村貞二訳　新教出版社　一九六五年
『アウグスティヌス　その時代と思想』C.ドーソンほか著、服部英次郎訳　筑摩書房　一九六九年

『キリスト教の源流――ヨーロッパ・キリスト教史　上巻』石原謙著　岩波書店　一九七二年
『アウグスチヌスと歴史的世界』近山金次著　慶応通信　一九七九年
『アウグスティヌス時代の日常生活』（上・下）A.アマン著、東丸恭子・印出忠夫訳　リトン　二〇〇一～二〇〇二年
『アウグスティヌスと古代教養の終焉』H.マルー著、岩村清太訳　知泉書館　二〇〇八年
『ローマ帝国とアウグスティヌス　古代末期北アフリカ社会の司教』長谷川宣之著　東北大学出版会　二〇〇九年

（2）　生涯と思想

『聖アウグスチヌスの生涯』ポシディウス著、熊谷賢二訳　創文社　一九六三年
『聖アウグスティヌス　古代キリスト教最大の神学者』（「世界を創った人びと」4）　ギラルディ著、秀村欣二編訳　平凡社　一九七九年
『アウグスティヌスの人間学』金子晴勇著　創文社　一九八二年
『アウグスティヌス――生涯と業績』W.レーヴェニヒ著、宮谷宣史・森泰男訳　日本基督教団出版局　一九八四年
『アウグスティヌス講話』山田晶著　新地書房　一九八六年
『アウグスティヌス―時間と記憶』H.J.カイザー著、小阪康治訳　新地書房　一九九〇年
『アウグスティヌス』H.チャドウィック著、金子晴勇訳　教文館　一九九三年
『アウグスチヌス「告白」講義』矢内原忠雄著　講談社学術文庫　一九九三年
『聖アウグスティヌス　霊性の大家　思想と生涯』アンリー＝マロー著、長戸路信行訳　中央出版社　一九九四年
『聖アウグスティヌスの哲学』A.I.シュトルツ著、藤本雄三訳　南窓社　一九九五年

『「神の国」論　アウグスティヌス、平和と秩序』E.ジルソン著、藤本雄三訳　行路社　一九九五年
『「信」の思想　親鸞とアウグスティヌス』伊藤益著　北樹出版　一九九八年
『アウグスティヌス神学における歴史と社会』R.A.マーカス著、宮谷宣史・土井健司訳　教文館　一九九八年
『アウグスティヌスの愛の概念』H.アーレント著、千葉眞訳　みすず書房　二〇〇二年
『アウグスティヌス』G.ウィルズ著、志渡岡理恵訳　岩波書店　二〇〇二年
『アウグスティヌス　＜私＞のはじまり』「シリーズ・哲学のエッセンス」富松保文著　NHK出版　二〇〇三年
『アウグスティヌス伝』（上・下）P.ブラウン著、出村和彦訳　教文館　二〇〇四年
『アウグスティヌス』宮谷宣史著　講談社学術文庫　二〇〇四年
『アウグスティヌスとその時代』金子晴勇著　知泉書館　二〇〇四年
『アウグスティヌスの神学』宮谷宣史著　教文館　二〇〇五年
『アウグスティヌス『告白録』講義』加藤信朗著　知泉書館　二〇〇六年
『アウグスティヌス「告白」＜わたし＞を語ること…』松崎一平著　岩波書店　二〇〇九年
『愛の思想史』C.リンドバーグ著、佐々木勝彦・濱崎雅孝訳　教文館　二〇一一年

さくいん

アウグスティヌス■人と思想39　　定価はカバーに表示

2013年5月15日　第1刷発行©
2016年6月25日　新装版第1刷発行©
2020年4月25日　新装版第2刷発行

・著　者 ……………………………宮谷《みやたに》　宣史《よしちか》
・発行者 ……………………………野村久一郎
・印刷所 ……………………法規書籍印刷株式会社
・発行所 ……………………株式会社　清水書院

〒102-0072　東京都千代田区飯田橋3-11-6
Tel・03(5213)7151〜7
振替口座・00130-3-5283
http://www.shimizushoin.co.jp

検印省略
落丁本・乱丁本は
おとりかえします。

CenturyBooks

Printed in Japan
ISBN978-4-389-42039-0

CenturyBooks

清水書院の〝センチュリーブックス〟発刊のことば

近年の科学技術の発達は、まことに目覚ましいものがあります。月世界への旅行も、近い将来のこととして、夢ではなくなりました。しかし、一方、人間性は疎外され、文化も、商品化されようとしていることも、否定できません。

いま、人間性の回復をはかり、先人の遺した偉大な文化を継承して、高貴な精神の城を守り、明日への創造に資することは、今世紀に生きる私たちの、重大な責務であると信じます。

私たちがここに、「センチュリーブックス」を刊行いたしますのは、人間形成期にある学生・生徒の諸君、職場にある若い世代に精神の糧を提供し、この責任の一端を果たしたいためであります。

ここに読者諸氏の豊かな人間性を讃えつつご愛読を願います。

一九六七年

清水棲二

SHIMIZU SHOIN

【人と思想】既刊本

老子　高橋　進
孔子　内野熊一郎他
ソクラテス　中野　幸次
釈迦　副島　正光
プラトン　中野　幸次
アリストテレス　堀田　彰
イエス　八木　誠一
親鸞　古田　武彦
ルター　小牧　治・泉谷周三郎
カルヴァン　渡辺　信夫
デカルト　伊藤　勝彦
パスカル　小松　摂郎
ロック　浜林正夫他
ルソー　中里　良二
カント　小牧　治
ベンサム　山田　英世
ヘーゲル　澤田　章
J・S・ミル　菊川　忠夫
キルケゴール　工藤　綏夫
マルクス　小牧　治
福沢諭吉　鹿野　政直
ニーチェ　工藤　綏夫

J・デューイ　山田　英世
フロイト　鈴村　金彌
内村鑑三　関根　正雄
ロマン=ロラン　村上　嘉隆・村上　益子
孫文　横山　英・中山　義弘
ガンジー　坂本　徳松
レーニン　中野　徹三・高岡健次郎
ラッセル　金子　光男
シュバイツァー　泉谷周三郎
ネルー　中村　平治
毛沢東　宇野　重昭
サルトル　村上　嘉隆
ハイデッガー　新井　恵雄
ヤスパース　宇都宮芳明
孟子　加賀　栄治
荘子　鈴木　修次
アウグスティヌス　宮谷　宣史
トーマス・マン　村田　經和
シラー　内藤　克彦
道元　山折　哲雄
ベーコン　石井　栄一
マザーテレサ　和田　町子
中江藤樹　渡部　武
ブルトマン　笠井　恵二

本居宣長　本山　幸彦
佐久間象山　奈良本辰也・左方　郁子
ホッブズ　田中　浩
田中正造　布川　清司
幸徳秋水　絲屋　寿雄
スタンダール　鈴木昭一郎
和辻哲郎　小牧　治
マキアヴェリ　西村　貞二
河上肇　山田　洸
アルチュセール　今村　仁司
杜甫　鈴木　修次
スピノザ　工藤　喜作
ユング　林　道義
フロム　安田　一郎
マイネッケ　西村　貞二
エラスムス　斎藤　美洲
パウロ　八木　誠一
ブレヒト　岩淵　達治
ダンテ　野上　素一
ダーウィン　江上　生子
ゲーテ　星野　慎一
ヴィクトル=ユゴー　辻　昶・丸岡　高弘
トインビー　吉沢　五郎
フォイエルバッハ　宇都宮芳明

平塚らいてう　小林登美枝
フッサール　加藤精司
ゾラ　尾崎和郎
ボーヴォワール　村上益子
カール=バルト　大島末男
ウィトゲンシュタイン　岡田雅勝
ショーペンハウアー　遠山義孝
マックス=ヴェーバー　住谷一彦他
D・H・ロレンス　倉持三郎
ヒューム　泉谷周三郎
シェイクスピア　福田陸太郎・菊川倫子
ドストエフスキイ　井桁貞義
エピクロスとストア　堀田彰
アダム=スミス　浜林正夫・鈴木亮
ポパー　川村仁也
フンボルト　西村貞二
白楽天　花房英樹
ベンヤミン　村上隆夫
ヘッセ　井手賁夫
フィヒテ　福吉勝男
大杉栄　高野澄
ボンヘッファー　村上伸
ケインズ　浅野栄一
エドガー=A=ポー　佐渡谷重信

ウェスレー　野呂芳男
レヴィ=ストロース　吉田禎吾他
ブルクハルト　西村貞二
ハイゼンベルク　小出昭一郎
ヴァレリー　山田直
プランク　高田誠二
ラヴォアジエ　中川鶴太郎
T・S・エリオット　徳永暢三
シュトルム　宮内芳明
マーティン=L=キング　梶原寿
ペスタロッチ　長尾十三二・福田弘
玄奘　三友量順
ヴェーユ　冨原眞弓
ホルクハイマー　小牧治
サン=テグジュペリ　稲垣直樹
西光万吉　師岡佑行
ヴァイツゼッカー　加藤常昭
メルロ=ポンティ　村上隆夫
オリゲネス　小高毅
トマス=アクィナス　稲垣良典
ファラデーとマクスウェル　後藤憲一
津田梅子　古木宜志子
シュニツラー　岩淵達治

タゴール　丹羽京子
カステリョ　出村彰
ヴェルレーヌ　野内良三
コルベ　川下勝
ドゥルーズ　鈴木亨
「白バラ」　関楠生
リジュのテレーズ　菊地多嘉子
リッター　西村貞二
プルースト　石木隆治
ブロンテ姉妹　青山誠子
ツェラーン　森治
ムッソリーニ　木村裕主
モーパッサン　村松定史
大乗仏教の思想　副島正光
解放の神学　梶原寿
ミルトン　新井明
ティリッヒ　大島末男
神谷美恵子　江尻美穂子
レイチェル=カーソン　太田哲男
オルテガ　渡辺修
アレクサンドル=デュマ　辻昶・稲垣直樹
西行　渡部治
ジョルジュ=サンド　坂本千代
マリア　吉山登